Editorial

O Rio Grande do Sul ainda está tentando se recuperar da maior tragédia ecológica da sua História. As enchentes de maio de 2024 ceifaram vidas e deixaram rastros de destruição jamais vistos. E, como quase sempre, apontam-se culpados. E certamente, houve e há culpados, diretos ou indiretos, para que a enchente alcançasse tão altos níveis de destruição. Houve até quem culpasse a Deus pela desgraça. E houve, isso sim, uma aberração, quem culpasse os gaúchos porque nosso Estado dá espaço a manifestações religiosas não católicas ou cristãs, especialmente religiões de matriz afro ou indígena. "Castigo de Deus: o Rio Grande tem mais terreiros de umbanda do que a Bahia", como ouvimos em redes sociais. Uma aberração. Deus não tem nada, nada, nada a ver com esta tragédia e com tantas que acontecem no mundo todo. Ele é Pai, nunca um carrasco ou assassino, Ele é Amor, nunca ódio e vingança, Ele é Vida, jamais morte!

Os dedos que apontam culpados deveriam, honestamente, voltar-se para si mesmos, para a humanidade. E se perguntar, sinceramente: o que fiz, o que faço, o que farei para que a Terra seja amada como Mãe e cuidada com extremo carinho em vez de ser sistematicamente agredida, destruída?

Uma consciência ecológica que deve nascer no ambiente familiar, estar presente nas Escolas e Comunidades de fé, ser debatida nos espaços públicos para se tornar sempre mais uma prática de preservação da Mãe-Terra na sociedade. Este é o caminho para que as tragédias ambientais não se repitam e nossa Casa comum, nosso planeta tenha futuro para nós, nossos filhos, nossos netos.

No documento da Conferência Nacional dos Bispos do Brasil dentro do tema da Campanha da Fraternidade 2025, lemos: "A Ecologia Integral supõe uma inter-relação entre o Criador e toda a criação, dentro da qual o ser humano se destaca como protagonista do cuidado, pois coube a ele a missão de guardião responsável da Casa Comum onde, dentro de uma cosmovisão integradora, não podemos separar o ambiental, o antropológico e o teológico. Ao se posicionar no âmbito ecológico, a Igreja emerge como um agente de alcance global, capaz de fomentar uma consciência mundial em prol do compromisso com o meio ambiente, incluindo a Amazônia, onde os desafios ambientais impactam especialmente as comunidades tradicionais e indígenas" (Documento da CNBB).

O Livro da Família, fiel à sua tradição de tomar posição em favor da vida, traz várias matérias que enfatizam este compromisso pessoal e comunitário a favor da Mãe-Terra, nossa amada e querida Casa Comum. Complemento este comentário, trazendo para nossos queridos leitores e leitoras um canto que atravessa os séculos e se torna tremendamente atual: o Canto das Criaturas, inspiração de um santo ecológico que viveu na Itália, no século XIII: Francisco de Assis.

Attilio Ignacio Hartmann
Jornalista, jesuíta,
Editor do Livro da Família

Cântico da Criaturas

Francisco de Assis

Louvado sejas, meu Senhor, com todas as tuas criaturas,
especialmente o irmão sol, que clareia o dia
e que com a sua luz nos ilumina.
Ele é belo e radiante, com grande esplendor;
de ti, Altíssimo, é a imagem.
Louvado sejas meu Senhor, pela irmã lua e pelas estrelas,
que no céu formaste, claras, preciosas e belas.
Louvado sejas, meu Senhor, pelo irmão vento, pelo ar
e pelas nuvens, pelo entardecer e por todo o tempo com
que dás sustento às tuas criaturas.
Louvado sejas, meu Senhor, pela irmã água, útil e
humilde, preciosa e pura.
Louvado sejas, meu Senhor, pela nossa irmã, a Mãe-Terra,
que nos sustenta e governa, produz frutos diversos, flores e ervas.
Louvado sejas, meu Senhor, pelos que perdoam, pelo teu amor, e
suportam as doenças e tribulações.
Louvai todos e bendizei ao Senhor,
dai-lhe graças e servi-o com grande humildade.

PALAVRA DO DIRETOR-PRESIDENTE

Estimados leitores e leitoras do Livro da Família

Com meu fraterno abraço, saúdo a todas e todos e lhes desejo uma ótima leitura desta publicação da Livraria e Editora Padre Reus.

Na última Assembleia da Associação Cultural e Beneficente Padre Reus (ABEPARE) foi eleita uma nova Diretoria da entidade. Como sabem, a ABEPARE é a entidade jesuíta mantenedora da Livraria e Editora Padre Reus e, assim, a responsável pela publicação do Livro da Família. Na aludida Assembleia, os associados elegeram a seguinte Diretoria da ABEPARE: Pe. João Geraldo Kolling SJ, Diretor-Presidente; Pe. Eliomar Ribeiro de Souza SJ, Diretor Vice-Presidente; Ir. Marcos Epifanio Barbosa Lima SJ, Diretor de Educação e Cultura; Ir. Eudson Ramos SJ, Diretor Administrativo.

Uma das responsabilidades da ABEPARE é responder juridicamente por todos os pontos de venda de produtos culturais e religiosos da Província Jesuíta em todo o país, num processo que já foi iniciado há algum tempo pela anterior Diretoria. No Sul, a ABEPARE mantém duas conhecidas livrarias, uma em Porto Alegre, outra em São Leopoldo, junto ao túmulo do Padre Reus e do Santuário do Sagrado Coração de Jesus. Ambas as livrarias continuarão oferecendo seus produtos, sendo que, em Porto Alegre, a ABEPARE mantém um serviço administrativo, a cargo da Associação Antônio Vieira (ASAV). Outras duas filiais, que receberão o nome de Livraria Manresa, estão sendo abertas. Uma no Mosteiro de Itaici, em Indaiatuba, SP e outra na PUC do Rio de Janeiro.

Durante mais de vinte anos, a Direção da ABEPARE esteve a cargo do Pe. Attilio Ignacio Hartmann SJ, que continuará colaborando com a Livraria e Editora Padre Reus, especialmente na edição do Livro da Família. Ao Padre Attilio a gratidão da ABEPARE por todos estes anos a serviço da Associação.

Fazemos votos que os leitores do Livro da Família continuem prestigiando esta obra e visitem as livrarias mantidas pela ABEPARE em todo o país. De um modo especial, recomendamos os livros da Edições Loyola, uma conhecida e histórica editora jesuíta, com sua ampla e diversificada produção literária.

Deixo meu abraço fraterno, desejando a todos e todas um Natal de alegre Esperança e um ano de 2025 pleno de realizações. Que nossos corações palpitem sempre mais ao ritmo de uma Fraternidade em ambiente de Ecologia Integral!

Pe. João Geraldo Kolling SJ
Diretor-Presidente da ABEPARE

BODAS, GERAÇÕES E **ENCONTROS DE FAMÍLIAS**

Queridos agentes, leitores/as, amigos/as de nosso Livro da Família.
Se acreditamos que viver é celebrar, então vamos celebrar e divulgar **Bodas de Prata, Ouro, Diamante** ou, ainda, **Encontros de Famílias** que recuperam histórias e geram encontros e reencontros de parentes e amigos.

As páginas do *Livro da Família* são um ótimo espaço para que a Celebração de Bodas permaneça na memória de familiares, parentes e pessoas amigas. Assim, muitos casais jubilares e/ou seus familiares e amigos, nos enviam uma breve notícia sobre esta festa, com os dados principais e uma foto do casal jubilar para que seja publicada.

Igualmente publicamos fotos, com breve legenda, de **Gerações e de Encontros de Famílias**, tão importantes nestes tempos em que tanta gente não tem tempo para lembrar as raízes e curtir a beleza do amor familiar.

Vale o lembrete: se, em sua família ou na sua comunidade aconteceu alguma **Celebração de Bodas** (Prata, Ouro, Diamante), mandem-nos os dados. Vale o mesmo para quatro ou cinco **Gerações** e **Encontros de Famílias**. Para ajudar na manutenção do *Livro da Família*, a família assume o compromisso de adquirir **50 exemplares** da obra que se tornam um belo presente e uma linda recordação da data festiva.

Por favor, mande-nos os dados até **30 de maio próximo**. Pode ser por carta ou pelo e-mail: *faturamento@livrariareus.com.br*. Se precisar de mais informações entre em contato por este mesmo correio eletrônico ou pelo telefone: (51) 3224.0250.

Com meu abraço carinhoso, Bênção, Saúde e Paz

Pe. Attilio Ignacio Hartmann sj
Editor do Livro da Família

Visite-nos no Facebook: **Livraria Padre Reus**
e no site: **www.livrariareus.com.br**

SAUDAÇÃO DO PROVINCIAL

Queridos leitores, queridas leitoras do nosso **Livro da Família**.

Com meu especial abraço, repito o que já disse na edição anterior: esta obra jesuíta da Associação Cultural e Beneficente Padre Reus (ABEPARE), Livraria e Editora Padre Reus quer ser uma presença amiga e formativa durante todo o ano. E mais: não é um livro para ser lido de uma única vez, mas para ser "degustado" ao longo do ano com seus artigos sempre atuais, que ajudam a alimentar o espírito e a formação pessoal durante o ano inteiro. E até mesmo serem relidos, de vez em quando.

Como publicação jesuíta, o **Livro da Família** dá especial destaque à Campanha da Fraternidade (CF) de cada ano, implementada pela Conferência Nacional dos Bispos do Brasil (CNBB). E o tema da CF/2025 não poderia ser mais atual: "Fraternidade e Ecologia Integral". A ecologia é um dos temas mais próximos do coração do Papa Francisco, o jesuíta Jorge Mario Bergoglio. Não há nenhum exagero em afirmar, como destacamos na capa desta edição do **Livro da Família**: amar a mãe Terra é uma urgente necessidade.

O Rio Grande do Sul vive ainda o

impacto da maior enchente da sua história, uma tragédia que ceifou cerca de duzentas vidas e gerou perdas totais ou parciais de muitas famílias e empresas. Se, por um lado, aplaudimos a onda de solidariedade ao povo gaúcho que movimentou todo o país, não podemos deixar de reconhecer uma grande dose de culpa no desleixo de prevenções contra fenômenos climáticos desta natureza e, principalmente, pela exploração e mau uso da Terra. Situações semelhantes acontecerão com mais frequência, se não mudarmos em todo o planeta as nossas práticas no cuidado com a casa comum. Como nos lembra o Papa Francisco: tudo está interligado.

Cabe a todos nós, como cristãos e cristãs, criar e incentivar em nossas famílias e comunidades uma consciência ecológica integral que defenda e respeite a Mãe-Terra como nosso único planeta, dado amorosamente pelo Criador, para nele vivermos como irmãos e irmãs e sermos felizes na mesma casa comum.

Uma das propostas do **Livro da Família** é contribuir para um mundo de mulheres e homens mais fraternos, servindo, sim, como contraponto de uma realidade violenta, de ganância desmedida, de discriminações, de fome, dor e sofrimento de milhões de pessoas. Embora modestamente, queremos contribuir para que diminuam os sinais de morte e aumentem os sinais de esperança e de vida de um outro mundo possível, bom e saudável, de fraternidade, justiça e paz.

Renovo meu convite para que mergulhem na leitura da edição do **Livro da Família 2025** e, com certeza, vão colher frutos muito bons.

A todos e todas desejo um Natal feliz e um ano de 2025 cheio de realizações, alegria, saúde, esperança e felicidade.

Pe. Mieczyslaw Smyda SJ
Provincial dos Jesuítas do Brasil
(BRA)

O Cuidado da Criação

Papa Francisco

O cuidado da criação não é apenas uma questão ética, mas também eminentemente teológica, pois diz respeito ao entrelaçamento do mistério do homem com o mistério de Deus. Tal como a humanidade, a criação - sem culpa própria - é escravizada e incapaz de fazer o que foi concebida para fazer, isto é, ter significado e propósito duradouros; está sujeita à dissolução e morte, agravada pelo abuso humano da natureza.

Com o cuidado da Criação está em jogo a vida terrena do homem e, em última análise, esta preocupação adquiriu uma escala eminentemente teológica.

A salvação do homem em Cristo é uma esperança segura também para a criação; também a criação será libertada da escravidão da corrupção para participar na liberdade gloriosa dos filhos de Deus (cf Rm 8,21). Portanto, na redenção de Cristo é possível contemplar com esperança o vínculo de solidariedade entre os seres humanos e com todas as outras criaturas.

Nesta história não está apenas em jogo a vida terrena do homem, mas sobretudo o seu destino na eternidade, a promessa da nossa bem-aventurança, o Paraíso da nossa paz, em Cristo Senhor, o Crucificado-Ressuscitado por amor.

Todo o cosmos e toda criatura geme e anseia para que a condição atual seja superada e a original seja restabelecida: com efeito, a libertação do homem envolve também a de todas as outras criaturas que, em solidariedade com a condição humana, foram submetidas ao jugo da escravidão.

Pode-se dizer que este entrelaçamento remonta ao ato de amor com que Deus cria o ser humano em Cristo. Este ato criativo de Deus concede e fundamenta a ação livre do homem e de toda a sua ética: livre. É precisamente o fato de ele ter sido criado à imagem de Deus que é Jesus Cristo e, portanto, representante da criação no próprio Cristo.

Há uma motivação transcendente, teológico-ética, que compromete o cristão a promover a justiça e a paz no mundo, também através do destino universal dos bens: é a revelação dos filhos de Deus por quem a criação espera, gemendo como em dores de parto.

No cuidado da Criação está em jogo a vida do ser humano na Terra.

FRATERNIDADE E ECOLOGIA INTEGRAL

Deus viu que tudo era muito bom (Gn 1,31)

Texto Oficial da Conferência Nacional dos Bispos do Brasil (CNBB)
Campanha da Fraternidade 2025

A questão ambiental é uma das questões que mais foram tratadas na história das Campanhas da Fraternidade ao longo do últimos anos: "Por um mundo mais humano: Preserve o que é de todos" (CF 1979); "Fraternidade e a Terra: Terra de Deus, terra de irmãos" (CF 1986); "Fraternidade e água: Água, fonte de vida" (CF 2004); "Fraternidade e Amazônia: vida e missão neste chão" (CF 2007); "Fraternidade e a Vida no Planeta: A criação geme em dores de parto" (CF 2011); "Casa comum, nossa responsabilidade: Quero ver o direito brotar como fonte e correr a justiça qual riacho que não seca" (CF 2016); "Fraternidade: Biomas Brasileiros e defesa da vida: Cultivar e guardar a criação de um novo humanismo integral e solidário (CF 2017).

Agora, porém, ela reaparece de uma forma nova, como Ecologia Integral, conceito tão caro ao Papa Francisco e que é tão importante no seu Projeto. O planeta onde habitamos é a nossa Casa Comum, onde todas as coisas estão em profunda conexão, numa relação de interdependência, troca e cooperação. A ecologia é a casa que não pode ser compreendida de maneira fragmentada e compartimentada, mas, ao contrário, deve ser contemplada e vivida integralmente, dentro de uma visão sistêmica. A Ecologia Integral supõe uma inter-relação entre o Criador e toda a criação, dentro da qual o ser humano se destaca como protagonista do cuidado, pois coube a ele a missão de guardião responsável da Casa Comum onde, dentro de uma cosmovisão integradora, não podemos separar o ambiental, o antropológico e o teológico. Ao se posicionar no âmbito ecológico, a Igreja emerge como um agente de alcance global, capaz de fomentar uma consciência mundial em prol do compromisso com o meio ambiente, incluindo a Amazônia, onde os desafios ambientais impactam especialmente as comunidades tradicionais e indígenas.

Reafirmamos a denúncia contra intensas depredações sofridas por nossas florestas e contra a persistente exploração e situações de morte pela qual passam tantos povos e culturas

tradicionais e indígenas, bem como aquelas pessoas e instituições que trabalham em favor deles. As facetas desumanas do colonialismo perduram entre nós e precisamos romper com essa mentalidade urgentemente. A abordagem da Ecologia Integral atualiza o sentido do bem comum, resgata a opção preferencial pelos pobres e mantém o compromisso primordial para com as futuras gerações e mudanças climáticas.

Esta postura profética da Igreja está também relacionada com o cultivo da paz e da justiça socioambiental, sobretudo em um mundo que enfrenta uma crise estrutural em múltiplas dimensões, onde estão vinculadas pobreza, desigualdade, competição por recursos, ecossistemas degradados. O pecado ecológico, enfatizado pelo Papa Francisco no Sínodo da Amazônia (2019), consiste no desrespeito ao Criador e sua obra que é a Casa Comum. São ações ou omissões contra Deus, contra o próximo e contra o meio ambiente. É uma cegueira e perda de sensibilidade com o mundo ao nosso redor, tratando as pessoas e os seres vivos como objetos, esvaziando a dimensão transcendente de toda a Criação, destruindo de maneira irresponsável a natureza, explorando sem limites os recursos da Terra e deixando para as gerações futuras um planeta fragmentado e insustentável.

A partir do Sínodo especial para a Amazônia, a Ecologia Integral é vista como o único caminho possível para salvar a região do extrativismo predatório, do derramamento de sangue inocente e da criminalização dos defensores da Amazônia (Documento final, 67). O Sínodo traz um compromisso de abraçar, assumir e praticar o novo paradigma da Ecologia Integral, o cuidado da Casa Comum e a defesa da Amazônia. A ênfase na Ecologia Integral baseia-se na defesa dos territórios dos povos originários e tradicionais e as suas lições que temos a aprender, na floresta em pé, na denúncia e na oposição ao modelo de desenvolvimento predatório, além de extrema reserva a um modelo de economia que desrespeita a existência dos povos e sua soberania territorial (Documento final, 46-47).

Uma verdadeira conversão ecológica supõe uma mudança de paradigmas no nosso modo de ser, pensar e agir pessoal e comunitário, superando as posturas fragmentadas que geram conflitos e divisões, e buscando um modo de viver mais integrador entre Deus, os seres humanos e toda a criação, onde a cultura do amor e da paz tenha a primazia. Os apelos para uma conversão ecológica, propostos pelo papa Francisco, no documento *Laudato Si'*, permitem resgatar os ideais de uma Ecologia Integral, unindo crentes e não crentes na missão da Casa Comum, construindo grandes e pequenas alianças, reforçando os laços da Amizade Social, propondo saídas inteligentes para superar os impasses, valorizando a riqueza da diversidade criacional, fazendo gestos concretos que estão ao alcance de nossas mãos e alimentando-nos da riqueza da espiritualidade cristã que nos ajuda a viver uma integração entre o divino, o humano e o ambiental.

Toda conversão ecológica deve ser, para nós cristãos, inspirada, como nos lembra o Papa Francisco (LS, 238-240) na fonte trinitária da fé, onde temos um Pai que cria, um Filho que salva e um Espírito que santifica. O amor da Trindade Divina que se encarna na história da Casa Comum para redimir e santificar todo o mundo criado, é o que nos estimula a realizar ações concretas para superar a crise social e ambiental que assola o nosso planeta. Este olhar solidário e bondoso da Trindade é uma fonte perene de graça que permite que tenhamos o olhar do Criador "que viu que toda a sua obra era muito boa" (Gn 1,31), mesmo com as inúmeras rupturas que nós humanos provocamos ao longo da história.

SINAIS DE ESPERANÇA

Dom Jaime Spengler OFM
Arcebispo de Porto Alegre, Presidente da Conferência Nacional dos Bispos do Brasil (CNBB) e do Conselho Episcopal Latino-americano (CELAM)

No findar de mais um ano e no limiar de 2025, nos deparamos com situações que geram preocupação em nosso país: a alta taxa de desemprego; a lenta recuperação da economia; a degradação de serviços públicos; a pouca atenção para com as questões ambientais; a promoção de polarizações, sobretudo no âmbito da atividade política; a falta de um projeto de nação; expressões da classe política e do Judiciário marcadas pela falta de ética e atenção para com os menos favorecidos da sociedade. Em nível internacional também se constatam inquietações, como o aquecimento global e as diferentes formas de desvalorização do ser humano.

Se no horizonte despontam sinais de preocupação com a causa da prepotência de alguns, na aurora do novo ano despontam luzes de esperança: a determinação de setores da sociedade em investir em prol da educação e da saúde, mesmo sem o apoio do poder público; a queda dos juros da economia; o encaminhamento de algumas reformas que o Brasil e o Estado precisam; sinais, ainda que fugazes, de recuperação da atividade industrial; o Sínodo para a Região Amazônica, trazendo para o centro dos debates a questão climática, ambiental e dos povos nativos.

Cuidar da vida e promovê-la, compreender que o grau de civilidade depende do engajamento e da disposição comum em favorecer o bem comum, perceber a necessidade de mais poesia nas relações interpessoais, resgatar aquela força originária que permite a poetas, artistas, pensadores e místicos contemplar tudo a partir do êxtase, são condições para o desenvolvimento da nação.

Resgatar e promover a esperança é fundamental para que todos possam usufruir dos bens da criação e responsabilizar-se pelo bem comum. O compromisso ético no cuidado com o meio ambiente e no respeito pela coisa pública é garantia de uma sociedade mais justa, fraterna e pacífica.

FELIZ NATAL NOVO

Attilio I. Hartmann
jornalista, jesuíta

Sempre, quando chega o Natal, nos saudamos uns aos outros com um desejo: Feliz Natal. Pessoas do nosso cotidiano... pessoas que encontramos na rua... pessoas que nunca vimos antes. De repente, nos sorriem e dizem... Feliz Natal, meu amigo, meu irmão, minha irmã.

O Natal tem sua magia que ultrapassa a injusta comercialização do Natal do Senhor, quando o aniversariante nem é lembrado. Recebemos e enviamos muitas mensagens de Natal. Lindas. A maior parte, virtuais, via internet. Sinal dos tempos. Mas, muito bem elaboradas, com imagens, com sons, com cantos. Bem... das dezenas que eu recebi, escolhi uma que responde bem aos sentimentos que me invadem neste Natal. Em forma de prece, é a melhor maneira de lembrar Aquele que veio, há dois mil anos, Deus feito Menino, para fazer parte da nossa história, alegrar-se com nossas alegrias, chorar conosco nossas dores. Ser gente como a gente.

Quisera, Senhor, neste Natal, ornar uma árvore dentro do meu coração e nela pendurar, em vez de presentes, os nomes de pessoas amigas. As de longe e as de perto. As antigas e as mais recentes. As que vejo cada dia e as que raramente encontro. As pessoas amigas das horas difíceis e as das horas alegres. Meus amigos humildes e meus amigos importantes. Os que sem querer magoei ou, sem querer, me magoaram. Os que pouco me devem e aqueles a quem devo muito. Os nomes de todos e todas que já passaram por minha vida. E são tantos...

Que seja uma árvore de raízes muito profundas para que seus nomes nunca sejam arrancados do meu coração. Uma árvore de ramos muito extensos para que novos nomes, vindos de todas as partes, venham juntar-se aos já existentes. Uma imensa árvore de sombras muito agradáveis para que cada dia da nossa amizade seja um novo momento de repouso na caminhada pela vida afora. Quisera, Senhor, que este Natal renovasse em mim e nos corações de todos os meus amigos e amigas uma única certeza: não há nada mais importante nos caminhos da vida do que ter a companhia de tantas pessoas queridas que se guardam, com gratidão e carinho, do lado esquerdo do peito!

A todos os leitores do **Livro da Família** desejo que, neste Natal e fim de ano, tenhamos mil razões para dizer OBRIGADO; que no novo ano de 2025 aconteçam muitos novos rostos e corações amigos para partilhar conosco a mais bela aventura... a linda aventura de viver. Que cada um de nós possa ser, neste Natal e a cada novo dia do novo ano, uma presença bonita no coração e na vida de todos aqueles e aquelas que o Deus-Menino colocar em nossos caminhos... em nossa vida.

TESTEMUNHOS E REPORTAGENS

Amar a Mãe-Terra é testemunhar que esta é a nossa única Casa Comum

11º ENCONTRO DA FAMÍLIA WERLE

O 11º Encontro internacional dos descendentes Werle aconteceu no dia 14 de janeiro de 2024, em Nova Mutum/MT. Já na tarde do dia anterior encontraram-se os participantes já presentes no salão paroquial da Igreja Sagrada Família para uma animada mateada e assistir belas danças folclóricas gaúchas. Seguiu-se uma animada carreata de carros pela cidade. Após foi servida suculenta galinhada com salada e bebidas, finalizando a noitada com dança.

Na manhã do domingo, às 9:30h, realizou-se na mesma igreja uma santa missa rezada pelo bispo de Diamantino, Dom Vital Chitoüna, SCJ. Na homilia Dom Vital fez um breve relato sobre os encontros da Família Werle e elogiou os corajosos antepassados que, com seu trabalho valoroso e sua fé, conseguiram prosperar no país e deixar o legado da nova vida aos seus descendentes; lembrou ainda aos jovens que honrem o exemplo deixado e sigam a vida cristã desde a infância.

Após a missa foi servido o churrasco com saladas e bebidas no salão paroquial, enquanto o conjunto musical "Monte Negro" animava os participantes. Um sorteio com diversos brindes alegrou os convidados.

Os organizadores desse bem-sucedido Encontro foram membros da família Lauxen - José M., Luis A., Carlos A., Christiane - que contou com 184 pessoas de vários Estados do país.

Liderado por Luis Werle, um pequeno grupo reuniu-se e propôs a data de 11 de janeiro de 2026 para comemorar os 200 anos da vinda do casal Jakob Werle e Elisabeth Hily da Alemanha ao Brasil. O Encontro será em Delfina, Estrela, Rio Grande do Sul.

A razão de viver

Monja Cohen

Há uma expressão japonesa, título inclusive de alguns livros e artigos em jornais e revistas, que significa dar vida à sua vida. Ikigai é essa expressão, composta de três caracteres japoneses ou kanjis, e pode ser traduzida como razão de viver, prazer na existência, força para sair da inércia.

O que faz você se levantar todas as manhãs? O que faz você sair da cama, do sofá, da poltrona, da cadeira? O que anima, estimula você para a vida? Para quem ou para que você se levanta com alegria? Para quem ou para que você se curva em reverência e respeito?

Pesquisadores descobriram que a população de Okinawa, ao sul do Japão, é uma das mais longevas do mundo. Entre várias causas e condições, perceberam que em Okinawa as pessoas caminham bastante, ao invés de andar só de carros ou por transporte coletivo. Também se alimentam de produtos naturais, comem muitas verduras, arroz branco e peixes. Respeitam sua ancestralidade. Oram diariamente em seus altares familiares. Sentem gratidão e prazer na existência. Sentem vontade de viver, dar continuidade à vida que receberam de seus pais, e assim encontram razões para suas vidas nas coisas simples da rotina de trabalhar, cuidar da natureza, manter relações de amizade, encontrar tempo para o lazer e para os encontros familiares.

Ikigai não significa ter posições sociais elevadas, reconhecimento público, comidas raras, lucro, fama, seguidores, lauréis. É estar presente no agora e apreciar o aqui.

Você já procurou alguma razão especial para a sua vida? Algum propósito? Algo estimulante? Você sente energia vital ao despertar? Vontade de descobrir o que poderá aprender hoje ou o que poderá fazer de benéfico este dia? Entre várias sugestões sobre desenvolver Ikigai, está a de ser útil ao mundo, escolher um trabalho, uma atividade para estar com outras pessoas, atender ao público, quer seja na saúde, na educação, na prestação de serviços, na segurança, no afeto, no cuidado. Auxiliar outras pessoas em sua busca por sentido, por propósito. Envolver-se com pessoas que criam ideias para melhorar o mundo e cuidar do planeta. Podem ser grupos pequenos, com ações locais e simples de hortas comunitárias e reciclagem, por exemplo.

No Zen Budismo, dizemos que quem desperta se torna um militante pelas causas da equidade social e respeito ambiental. Mestre Dogen Zenji Sama, fundador da ordem Zen Soto no Japão, nasceu no dia 26 de janeiro de 1200. Sua procura incessante pelo despertar da mente, pela iluminação, pela sabedoria, procurando mestres e filósofos em outros países, fez com que se empenhasse nas práticas severas do Zen. Já no século 13 ensinava seus discípulos a respeitar a natureza. Certa vez, à beira de um riacho límpido, retirou uma concha de água e bebeu a metade. A outra metade devolveu ao riacho como exemplo de respeito a água. Construiu mosteiros, criou uma ordem religiosa no Japão que continua viva até hoje, com milhões de seguidores no mundo todo.

Mestre Dogen considerava o Zazen, sentar-se em Zen, em meditação, como a forma mais eficaz de autoconhecimento. Como fazer com que todos pratiquem Zazen? Como fazer com que todos despertem e se tornem senhores e senhoras de si?

Uma grande pianista argentina, Martha Argerich, com mais de 80 anos, foi entrevistada por sua filha, recentemente: "Mãe, por que você nunca se importou em aceitar prêmios pelo seu trabalho"? Martha respondeu: "Prêmios se referem ao passado, ao que já foi e não sou mais. Vida é viver o presente".

BALI

JORGE ILHA GUIMARÃES
CARDIOLOGISTA, PRESIDENTE DO CONGRESSO BRASILEIRO DE CARDIOLOGIA

Bali é um lugar único no mundo. Mas precisamos entender Bali, antes de conhecê-la. É uma ilha da Indonésia, país muçulmano. Mas Bali é hinduísta, é um enclave hinduísta num país muçulmano. E Bali é o lugar mais hinduísta do mundo, porque trata-se de uma imigração da Índia de 200 anos atrás e, quando isto acontece, a cultura congela no ponto de origem.

Se você pensar em praias, eu poderia sugerir centenas de locais mais bonitos. Isto mesmo, Bali não tem praias espetaculares, como, por exemplo, a Tailândia ou o Caribe. Os surfistas gostam de lá, mas se você não é surfista, nem maníaco por praia, vá para Bali, assim mesmo, porque é um lugar completamente diferente de tudo.

Em Bali, o espiritualismo está na sua maior expressão. É um lugar místico, sensitivo, com um povo super amigável. Em cada casa existe um pequeno altar. Em cada quarteirão existe um pequeno templo. Em cada bairro existe um templo de verdade. E existem os grandes templos, com uma arquitetura única, encantadores, mágicos e, geralmente, com macacos pulando em você. Não aconselho a ir nestes lugares com comida na mão, pois certamente será

atacado por macacos brincalhões.

O povo faz oferendas em todas as suas ações. Se comem algo, reservam uma parte para os "santos". Se fumam, o final do cigarro vai para um altar. Se tem flores, uma parte fica nos altares. Como existem muitos templos sempre existem as festas populares em algum deles. Nestas festas, as mulheres carregam enormes quantidades de flores na cabeça. As vezes, são frutas ou outras oferendas, numa passeata super interessante de se acompanhar. E somos bem-vindos a participar nestas festas.

As danças balinesas são diferentes, as vezes se parecendo com as danças tailandesas. Elas usam vestimentas riquíssimas e dançam principalmente com as mãos e olhos. Verdade, mãos e olhos. Primeiro ficamos encantados e impressionados. Como a dança é muito repetitiva e a música pouco animada, vai ficando, com o tempo, um tanto chata. Mas é interessante e uma cultura típica.

Mas a expressão cultural maior está em Ubud, no centro da ilha. Lá fica o famosíssimo artesanato balinês, apreciado no mundo todo. Visitar estes locais é uma experiência enriquecedora. E ver a paciência com que fazem aqueles artesanatos é um ensinamento de vida, para nós neuróticos das cidades grandes.

Em todo lugar precisamos pechinchar, aliás como em toda a Ásia. Numa ocasião, em Ubud, negociei um lindo artesanato por longo tempo e acabei por pagar 22 dólares. Fiquei mal de consciência, achando que havia explorado o pobre artesão. Quando estava indo embora, vi numa loja do aeroporto, algo muito parecido e fui saber o preço, para ver o quanto havia explorado o artesão. Praticamente o mesmo objeto custava, no aeroporto, 20 dólares! E eu havia ficado uns 3 dias mal de consciência...

Vá para Bali, sim, mas pela sua cultura...

Na Polônia, uma família inteira foi beatificada

Um caso inédito na história da Igreja Católica

Afonso Wobeto
Jornalista, jesuíta

No domingo, 10 de setembro de 2023, na cidade de Markova (Polônia), realizou-se a beatificação dos mártires da família Ulma, dos pais e de seus sete filhos. A cerimônia, assistida por milhares de pessoas, foi presidida pelo Cardeal Marcello Semeraro, Prefeito do Dicastério para as Causas dos Santos. Na homilia, o cardeal lembrou que na família Ulma havia um ambiente de caridade e de acolhimento. Os Ulma eram chamados "Os Samaritanos de Markova". Foram assassinados porque deram acolhimento a oito judeus perseguidos pelo regime nazista. "A família vivia uma santidade que não era apenas conjugal, mas totalmente familiar, iluminada e sustentada pela graça santificadora do Batismo, da Eucaristia e dos outros sacramentos; essa família transformou sua casa no lugar daquela que o Papa Francisco chama de santidade da porta ao lado".

O MARTÍRIO DA FAMÍLIA

O casal Józef e Wiktoria se casou em 1935. Józef trabalhava no campo, era agricultor e apicultor. Wiktoria cuidava da casa e das crianças. Na manhã de 24 de março de 1944, após ter recebido uma denúncia de que estariam dando abrigo a judeus, uma patrulha nazista cercou a casa. Começaram por atirar em direção ao teto, onde se encontrava o sótão, onde estavam escondidos oito judeus; o sangue começou a escorrer... Depois levaram o casal para fora da casa e dispararam sobre Józef e Wiktoria, que estava grávida de sete meses. Quando as crianças começaram a gritar ao verem os seus pais serem assassinados, os nazistas dispararam também contra elas: Stanislawa, de oito anos, Barbara, de sete, Wladyslaw, de seis, Franciszek, de quatro, Antoni, de três, e Maria, de dois. No fim, incendiaram a casa da família, para que não restassem dúvidas aos habitantes daquela pequena aldeia; aquilo era o que lhes aconteceria também a eles, caso arriscassem ajudar os judeus.

Mais tarde, no momento em que o corpo de Wiktoria iria ser colocado dentro do caixão, perceberam que, do seu ventre, saíam já a cabeça e parte do corpo do bebe recém-nascido. Na iminência do extermínio da família, teria começado a dar à luz...

RECONHECIMENTO DO PAPA FRANCISCO

No Angelus daquele domingo, 10 de setembro, o Papa recordou o martírio da família polonesa beatificada por ter dado refúgio a judeus perseguidos pelos nazistas: "Uma família inteira exterminada pelos nazistas em 24 de março de 1944, por dar refúgio para alguns judeus que estavam sendo perseguidos. Ao ódio e à violência que caracterizaram aquela época, eles opuseram o amor evangélico. Que essa família polonesa, que representou um raio de luz na escuridão da II Guerra Mundial, seja para todos nós um modelo a ser imitado no ímpeto do bem e no serviço a quem mais precisa". E convidou os peregrinos da Praça para olharem a situação atual: "E, seguindo o exemplo deles, sintamo-nos chamados a opor à força das armas aquela da caridade, à retórica da violência a tenacidade da oração. Façamos isso especialmente por tantos países que sofrem por causa da guerra; de modo especial, intensifiquemos nossa oração pela martirizada Ucrânia. Ali estão as bandeiras da Ucrânia, que está sofrendo tanto, tanto"! *(Fonte: VaticanNews)*

Trilha dos Santos Mártires

(RE)CONSTRUINDO A IDENTIDADE MISSIONEIRA A PARTIR DA RELIGIOSIDADE

CLEBER MAGALHÃES TOBIAS
MESTRE EM DESENVOLVIMENTO E POLÍTICAS PÚBLICAS

A Trilha dos Santos Mártires das Missões (TSMM) está localizada no Estado do Rio Grande do Sul, na região turística conhecida como Rota Missões. A peregrinação teve sua inspiração na ação missionária dos padres jesuítas, que ingressaram em 1626 na margem oriental do Rio Uruguai, e rememora pontos e lugares importantes na construção da região missioneira. O percurso total compreende uma distância de aproximadamente 180 quilômetros, podendo variar de acordo com a modalidade escolhida.

Atualmente, existem três formas de percorrer a Trilha dos Santos Mártires das Missões. A primeira a surgir foi a caminhada, em 2001, seguida da cavalgada, em 2010, e, mais recentemente, a trilha de bicicleta, em 2017. Embora existam especificidades para cada modalidade, elas se assemelham nos seguintes princípios: intensificar a pesquisa histórica do primeiro ciclo missioneiro; fortalecer a fé nos mártires das Missões; e preservar o meio ambiente natural missioneiro.

A gestão e organização são de base comunitária, com as pessoas abrindo os salões das comunidades e as portas de suas casas para servir refeições e oferecer pernoites. Os principais atrativos incluem a natureza, a paisagem rural, a história, a gastronomia e os patrimônios culturais herdados pelos indígenas, jesuítas e imigrantes europeus.

Esta experiência proporcionada pela "Trilha", como é carinhosamente chamada, transcende os seus critérios técnicos, pois possui uma essência ímpar que faz dela uma "experiência que precisa ser vivida". É muito comum ouvir entre seus adeptos que "uma vez trilheiro, sempre trilheiro". A prática de retornar no ano seguinte é recorrente e funciona como uma necessidade de reconectar consigo mesmo, ressignificar memórias e lugares, e retribuir a boa acolhida. Boa parte dos trilheiros remete à fé e à religiosidade como a motivação para viver essa experiência.

Tomando como ponto de partida Quevedo (2011), "todo evento tem um princípio, um acontecimento

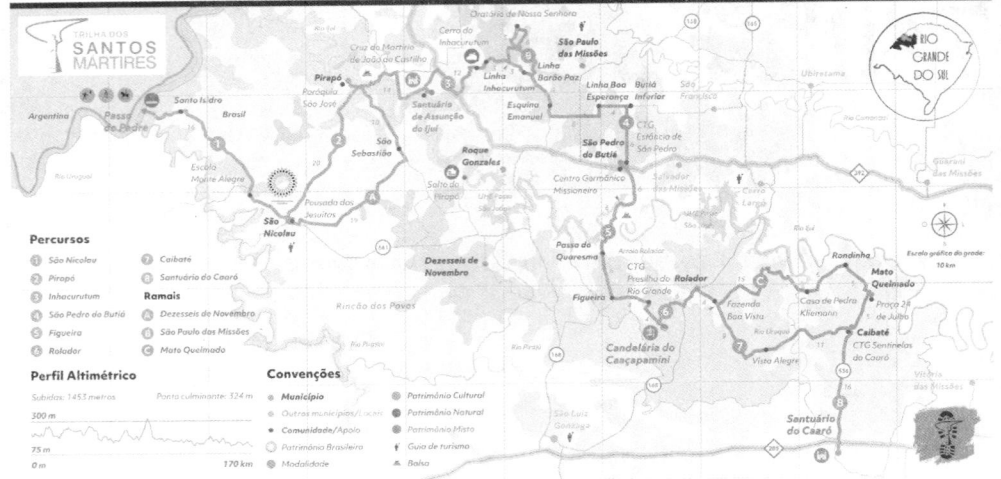

que marca de forma indelével a memória e a história das pessoas, que passam a ressignificá-lo e atualizá-lo em diferentes momentos". Isso nos leva a sugerir que, embora a história prevaleça na concepção da Trilha dos Santos Mártires das Missões, motivada por seu idealizador Sérgio Venturini, a religiosidade também se torna indelével. A história e a religiosidade estão fortemente ligadas na constituição do atual Estado do Rio Grande do Sul, a partir do processo reducional implementado pelos padres jesuítas no século XVII.

Da mesma forma que a data de 3 de maio de 1626 marca o início da inserção da religiosidade a partir dos padrões missionais jesuíticos, o ano de 1928 traz à tona um segundo momento, conhecido pela retomada do protagonismo dos três mártires jesuítas, motivado pela proximidade do tricentenário de suas mortes (Oliveira, 2010; Quevedo, 2011; Marin, 2014). Se no primeiro evento há a evidência histórica da relação entre índios e jesuítas, neste segundo momento ocorre um movimento de resgate e ressignificação da história, marcado pela beatificação dos padres Roque, Afonso e João, e também pela construção do Santuário do Caaró, no atual município de Caibaté.

É a partir deste contexto histórico-religioso do tricentenário que os princípios e objetivos da Trilha dos Santos Mártires das Missões ganham sentido. A peregrinação aos Santuários do Caaró e Assunção de Ijuí, por exemplo, são hoje pontos obrigatórios de parada, reflexão e manifestação espiritual. Os santuários se tornaram uma peça fundamental na construção da memória e da religiosidade das pessoas, assim como a devoção aos santos mártires missioneiros.

Recentemente, na edição da Trilha de 2021, uma moradora de São Nicolau, de nome Adalzira, relatou que sua peregrinação anual era "uma forma de agradecimento por uma graça alcançada – a cura de um câncer". Nem sempre os propósitos são claros e bem definidos como neste caso, afinal de contas, "Deus fala ao coração de cada um de maneira particular e única, no seu tempo e ao seu modo".

A manifestação da religiosidade neste território ocorre desde seu ponto de partida, junto ao Passo do Padre (local que recebe esta denominação em homenagem a Roque Gonzales SJ), é fortalecida ao longo do caminho junto ao Santuário Assunção do Ijuí, e culmina no outro extremo, diante do Santuário do Caaró. De acordo com Quevedo (2013), esses santuários, assim como os lugares de memória, foram ressignificados a partir do tricentenário da morte dos padres, passando a fazer parte do imaginário e da narrativa da própria comunidade, que "os defendem, repetem, valorizam, acrescentam, introjetam e buscam neles um sentido, tanto espiritual quanto material". Ao mesmo tempo, as populações missioneiras "gradativamente se apropriam desses acontecimentos" e, a partir dessas narrativas, constroem sua própria identidade.

É possível afirmar, portanto, que a retomada histórica realizada pelos intelectuais jesuítas, o processo de beatificação dos padres e a construção dos Santuários do Caaró e Assunção do Ijuí foram fatores determinantes para o início de um movimento da comunidade em relação a essas memórias. A Trilha dos Santos Mártires, por exemplo, pode ser compreendida como uma dessas manifestações populares engajadas no compromisso de reafirmação da história, uma vez que é resultado dessa contextualização histórico-religiosa do território missioneiro, marcada pela ação missionária da Companhia de Jesus a partir de 1626. No entanto, vale destacar que este movimento surge em um contexto social, político, cultural e religioso distinto, mas que de certa forma constitui o imaginário dos missioneiros.

A Trilha dos Santos Mártires das Missões, ao mesmo tempo que carrega em seu DNA o resultado de uma herança cultural originária de diferentes momentos históricos e o reflexo das manifestações populares

emanadas a partir da materialização dos Santuários do Caaró e Assunção do Ijuí, também se projeta à frente. Em meio aos festejos dos 500 anos do Brasil, o professor Sérgio Venturini, apoiado pela comunidade civil organizada, vislumbrou a possibilidade de iniciar um projeto audacioso de trilhar por 26 anos a região missioneira, incentivados pela proximidade do quatricentenário da chegada dos jesuítas em solo rio-grandense.

De acordo com Venturini (2017), "a trilha foi concebida, então, com o propósito de dizer ao Rio Grande do Sul e ao Brasil que aqui, na região missioneira, nasceu a História Gaúcha, e que aqui ficou o sangue de três santos da Igreja Católica, fato singular na história universal da Igreja". Mais uma vez é evidenciada a correlação entre a historiografia e a religiosidade missioneira.

Desde o seu primeiro ato oficial, a inauguração da Cruz do Passo do Padre, a presença de líderes religiosos foi primordial para o fortalecimento da religiosidade da Trilha. O bispo da época, Dom Estanislau Kreutz, manifestou a necessidade de "uma nova cruzada humanista em nome da solidariedade entre os povos", referência análoga ao feito histórico da ação missionária da Companhia de Jesus, iniciada em 1609. Seu pronunciamento foi uma aclamação a toda a comunidade religiosa missioneira, tornando a Cruz um marco histórico e religioso e a Trilha dos Santos Mártires das Missões uma oportunidade de uma nova caminhada que já se aproxima dos seus 25 anos.

Aos poucos, importantes líderes religiosos e comunitários foram se somando a esse movimento popular.

Uma grande personalidade foi o Pe. Eugênio Hartmann, conhecido pela devoção aos Santos Mártires das Missões. Ele "fazia da Trilha um instrumento de transmissão da palavra de Jesus Cristo" (Wendt, 2024). Hartmann foi quem melhor conseguiu definir a experiência vivida durante esta peregrinação. Segundo ele, a Trilha é "uma experiência de fé, de amor à história e à natureza". Hartmann foi um dos primeiros apoiadores da proposta de criação da Trilha e esteve presente na primeira edição da caminhada, em 2001, contribuindo ativamente para o seu fortalecimento ao longo dos anos.

Sob o ponto de vista desses religiosos da igreja, é possível perceber que a TSMM surge como uma oportunidade de aproximar a comunidade do evangelho e também de reconhecer o território missioneiro como um "lugar santo". De certa forma, é factível relacionar aquele momento da religiosidade missioneira, marcado pelas proximidades do tricentenário, com a ação comunitária iniciada em meados de 2001. Se naquele período a temática foi incitada por intelectuais religiosos, sob o apoio da comunidade, da mesma forma, a Trilha dos Santos Mártires das Missões se valeu do mesmo modelo, desta vez incentivada pelas entidades religiosas, mas protagonizada pela ação da comunidade leiga.

A Trilha, apesar de ter sua essência calcada no catolicismo e na ação missionária dos jesuítas da Companhia de Jesus, tem promovido ao longo dessas duas décadas de atuação uma aproximação entre os diferentes cultos religiosos, em especial com a Igreja Luterana, muito presente nas localidades da Cabeceira do Palmeira e Esquina Emanuel, ambas no município de Roque Gonzalez. Expresso nas palavras de um trilheiro, "uma das grandes riquezas da trilha é conviver efetivamente com as pessoas das comunidades, seja de origem católica ou evangélica que nós visitamos. Isso enriquece muito esta caminhada".

Sob a prerrogativa da religiosidade, o que se percebe é o engajamento das comunidades com a Trilha dos Santos Mártires das Missões. O que se vê, de ambos os lados, é um movimento de união dessas doutrinas religiosas em prol de uma aproximação que traz benefícios culturais, econômicos e sociais à própria comunidade. O engajamento para o desenvolvimento deste roteiro santo, embora multifacetado em diversos olhares e percepções de cada indivíduo, é unânime em reconhecer a multiculturalidade de seus costumes, hábitos e saberes.

Dentre eles está a Romaria Diocesana do Santuário do Caaró, realizada anualmente no terceiro domingo de novembro desde 1933. Este é, sem dúvida, um dos eventos religiosos mais expressivos do Estado e, por este motivo, conta com a participação de peregrinos de toda a América Latina. A Trilha dos Santos Mártires das Missões, portanto, se apresenta como mais uma dessas manifestações populares atreladas à Romaria.

Antes de concluir, é importante frisar que já estamos antecipadamente comemorando os 400 anos da chegada dos jesuítas, que se completarão em 2026. Recentemente, a Ordem dos Jesuítas retornou à Região Missioneira, especificamente ao Santuário do Caaró, na figura do Irmão Celso Schneider e do Pe. Dionísio Körbes. O Caaró os espera de portas abertas, e a Trilha dos Santos Mártires das Missões é o caminho para aqueles que procuram "uma experiência de fé, de amor à história e à natureza".

Referências:

- MARIN, Diosen. *A consolidação da Romaria do Caaró a partir da mídia impressa: 1937-1945*. 2014. 163f. Dissertação (Mestrado em História) – Universidade Federal de Santa Maria (UFSM), Santa Maria/RS.
- OLIVEIRA, Paulo Rogério Melo de. *O encontro entre os guaranis e os jesuítas na Província Jesuítica do Paraguai e o glorioso martírio de Roque González nas Tierras de Ñezú*. Porto Alegre: Tese de Doutorado. PPG da UFRGS, 2010. 513 p.
- QUEVEDO, J. R. *A construção da Romaria do Caaró*. In: Simpósio Nacional de História, 27, 2013, Natal: UFRN, 2013.
- QUEVEDO, J. R. *Romaria do Caaró: Entre a Educação Histórica e a Educação Patrimonial*. In: Simpósio Nacional de História, 26., 2011, São Paulo: USP, 2011.
- WEDT, Alberto Ensslin. *Mais que uma aventura: : a trilha dos Santos Mártires das Missões*. Porto Alegre: Explicação, 2024. 160 p.
- VENTURINI, Sergio. *Trilha dos Santos Mártires: origem, objetivos e legislação*. In QUEVEDO, J.; VENTURINI, S. *Novo olhar sobre o pioneirismo jesuítico-guarani: o caso Caaró*. Santa Maria: Editora e Gráfica Curso Caxias, 2017. p. 277-288.

CAARÓ
História e Fé nas Missões

SÉRGIO VENTURINI
ESCRITOR, MISSIONEIRO

1 – ANTECEDENTES

Estamos próximos da comemoração dos 400 anos do início da História do Rio Grande do Sul que ocorreu com a chegada dos jesuítas, liderados pelo padre Roque Gonzáles de Santa Cruz que, em 3 de maio de 1626, fundou a Redução de São Nicolau do Piratini. A partir de São Nicolau, aquele religioso continuou fundando reduções com os guaranis à margem esquerda do Rio Uruguai, dentre as quais foi criada a de Todos os Santos do Caaró, em 1º de novembro de 1628. Nessa redução se localiza hoje o Santuário Diocesano do Caaró, no município de Caibaté, região missioneira, que é o local onde ocorreu a morte dos padres Roque Gonzáles e Afonso Rodrigues, santos da Igreja Católica.

A Companhia de Jesus foi fundada por Inácio de Loyola em 1640 com o objetivo de levar o cristianismo para os mais distantes pontos do mundo. Poucos anos depois da criação dessa Ordem Religiosa, seus membros, conhecidos como jesuítas, dedicaram-se à evangelização, à educação e à assistência social em territórios do Oriente, da África, da América e, obviamente, da Europa. Ali tiveram mais um desafio, que foi o de se opor aos seguidores da Reforma Protestante, cuja atividade criou um cisma na Igreja Católica Romana.

A formação intelectual, o trabalho e a disciplina dos jesuítas tornaram a Companhia de Jesus a Ordem Religiosa mais poderosa da História da Igreja Católica e a região onde houve melhor resultado foi no coração da selva meridional da América do Sul por meio da criação de reduções ou missões, iniciadas no ano de 1609 com a fundação de San Ignacio Guazú, no Paraguai. E foi nessa redução que o padre Roque Gonzáles iniciou seu trabalho como missionário jesuíta em 1611. Em 1614, de lá partiu para ser o pioneiro na fundação de mais de uma dezena de reduções, dentre as quais aquelas situadas na margem esquerda do Rio Uruguai, iniciando por São Nicolau, em 1626; Nossa Senhora da Candelária do Caaçapamini (atual município de Rolador), em 1627; Nossa Senhora da Assunção do Ijuí (atual município de Roque Gonzáles), em 1628; e Todos os Santos do Caaró, em 1628.

As reduções fundadas no período de 1626 a 1638 pelo padre Roque Gonzáles correspondem à Primeira Fase das reduções no atual Estado do Rio Grande do Sul, 18 delas na região correspondente à bacia dos rios Ijuí, Ibicuí e Jacuí. Os Sete Povos das Missões - São Borja, São Nicolau, São Luiz Gonzaga, São Miguel, São Lourenço, São João Batista e Santo Ângelo - são de um período posterior, fundadas a partir de 1682.

2 – Redução de Todos os Santos de Caaró

A Redução de Todos os Santos de Caaró foi fundada por Roque Gonzáles de Santa Cruz, tendo como companheiro o padre Afonso Rodrigues, no dia 1º de novembro de 1628, na região compreendida entre os rios Piratini e Ijuí. Apenas quinze dias após iniciados os trabalhos nesse local, no dia 15 de novembro, Roque Gonzáles foi assassinado no momento em que estava por erguer a coluna que sustentaria o sino da igreja e, ato contínuo, também foi morto o padre Afonso Rodrigues.

Os padres foram assassinados a mando de Nheçu, que era o cacique mais poderoso da região, e se revoltara contra os jesuítas por eles propagarem uma religião em desacordo com a crença dos guaranis, particularmente condenando a poligamia indígena e batizando as pessoas em nome de um Deus estranho aos índios. Um fato importante que deve ser considerado para a atitude assassina de Nheçu é o de que caciques sobre os quais ele exercia poderosa influência passaram a abandoná-lo para seguirem os padres nas reduções.

Os caciques e suas famílias que iam voluntariamente às reduções, o faziam basicamente por dois motivos: primeiro, porque, estando com os jesuítas, ficavam protegidos pelas leis da Espanha e livres do trabalho escravo nas encomiendas. Segundo, porque os padres traziam ferramentas, principalmente o machado de ferro, utensílio que facilitava imensamente a produção de alimentos.

Após o assassinato dos padres, houve reação de caciques amigos dos jesuítas e, na batalha no dia 20 de dezembro de 1628 contra os seguidores de Nheçu, estiveram presentes o poderoso Nicolás Ñeenguirú, cacique da Redução de Encarnación, soldados do governo espanhol, comandados por Manuel Cabral Alpoím, vindo de Corrientes, e os jesuítas liderados pelo Padre Pedro Romero, da Redução de Candelária e pelo Irmão Antônio Bernal, que enfrentaram os indígenas liderados por Nheçu, derrotando-os completamente.

Nesse combate entre índios seguidores de Nheçu e defensores dos jesuítas, morreram aproximadamente 200 guaranis que seguiam Nheçu (que desapareceu nas matas do Rio Uruguai) e poucos defensores dos jesuítas. Dos seguidores de Nheçu, ficaram mais de 50 prisioneiros, entre eles Carupé e Maragoá. Foi Carupé que deu ordem para Maragoá golpear, com um itaiça (machado de pedra), a cabeça do padre Roque, matando-o de imediato.

Os índios prisioneiros confessaram que mataram os padres a mando de Nheçu e doze desses prisioneiros foram julgados e condenados à pena de morte. Onze aceitaram ser batizados, com exceção de Caburé, que morreu pagão. Os demais foram enforcados, como determinavam as leis da Espanha, pois os padres eram cidadãos espanhóis.

3 – Caaró -
DEPOIS DA MORTE DOS PADRES

Depois da tragédia de Caaró em 15 de novembro de 1628, indígenas que estavam na redução com os padres Roque e Afonso permaneceram na região. Passados alguns meses, esses indígenas solicitaram a presença de jesuítas em sua terra. Desconfiados e receosos, o padre Pedro Romero e Francisco Alfaro, foram ao local do martírio para ver como estaria a situação por lá e encontraram algumas relíquias, como pedaços do cálice que o padre Roque usara na última missa e a coluna de madeira que estava destinada para sustentar o sino da redução.

Em setembro ou outubro de 1629, o provincial padre Francisco Vasques Trujillo, acompanhado pelo cacique Nicolau Ñeenguirú, visitou os indígenas caaroenses que, mais uma vez, pediam um padre para morar com eles. Como o provincial encontrou ali vinte e oito casas e mais de duzentas famílias, rezou uma missa e decidiu enviar um padre para o Caaró, depois de ouvir Ñeenguirú pedir aos índios para ali se reduzirem.

O primeiro jesuíta destinado a dar continuidade para a redução de Caaró foi o padre José Oreghi e, em pouco tempo, o local passou a contar com seiscentas famílias. Este padre batizou inicialmente mais de 400 adultos e, aproximadamente, 200 crianças.

Outros religiosos lembrados com destaque no Caaró foram o padre Pedro de Espinosa, que definiu a nova planta da redução, com ruas e hortas, além de construir a igreja e a moradia dos religiosos, e o padre Jerônimo Porcel, que enfrentou uma epidemia que atingiu praticamente toda a população de Caaró. Pessoalmente, dia e noite, ele cuidou dos doentes, cerca de quatro mil, e enterrou 852 pessoas que morreram. Mesmo assim, a população de Caaró cresceu bastante e há informações de que o padre Pedro Espinosa batizou 600 adultos e 343 crianças e, no ano de 1633, foram realizados 400 casamentos.

Outros registros importantes sobre a redução de Caaró de 1633 são os seguintes:

- O padre Vasques Trujillo, Superior das Missões, indica ao governo espanhol os padres Simon Mazeta, Juan de Salas e Geronimo Porcel que ficavam sob o Patronato Real na Redução de Caaró, já a denominando de Mártires Del Caaró.
- Na Carta Ânua de 1634, referindo-se a 1633, o padre Pedro Romero afirma que esse foi o primeiro ano em que os índios dessa redução tiveram algum desafogo e descanso, livres de mortalidade e da fome graças às boas colheitas, o que permitiu que os padres atendessem às almas e ensinassem os ritos da fé aos índios.

Devido ao assalto dos bandeirantes sobre as reduções, a população de Caaró abandonou a região e se transladou para a margem direita do rio Uruguai no ano de 1637. Os padres Porcel e Garcia comandaram esse êxodo para o atual território da

Argentina e lá, com indígenas de outras reduções que haviam fugido dos bandeirantes, Caaró passou a ter a denominação de Mártires del Japón, em homenagem a três seminaristas jesuítas mortos no Japão em 1597 – Pablo Miki, Juan de Goto e Diego Kisai – que foram beatificados em 1627 e canonizados em 1862.

4 – O Coração que falou

Conforme o testemunho de 33 guaranis diante de autoridades da Coroa Espanhola, as palavras a seguir saíram do coração do padre Roque González, um dia após ter sido arrancado do peito daquele jesuíta: "Matastes a quem vos amava e queria bem; matastes, porém, somente o meu corpo, pois minha alma está no céu. E não tardará o castigo, porque virão os meus filhos para castigar-vos por terdes maltratado a imagem da Mãe de Deus. Mas eu voltarei para vos ajudar, porque muitos trabalhos vos hão de sobrevir por causa de minha morte".

Roque González de Santa Cruz nasceu na cidade de Assunção em 1576. Filho de Bartolomeu Gonzalez de Valverde e de Maria de Santa Cruz, família da elite colonial espanhola, tinha sangue indígena por parte da avó materna, pois esta era filha de um cacique guarani. Roque não teve a formação acadêmica acurada dos jesuítas, mas foi um dos principais missionários da história da Companhia de Jesus.

O coração desse grande santo foi recolhido no Caaró, junto com seu próprio corpo e o de Afonso Rodrigues. Na redução de Assunção do Ijuí, foram recolhidos os restos mortais de João de Castilho. Os três mártires foram sepultados na redução de Concepción, situada à margem direita do Rio Uruguai.

No final do ano de 1633, o coração de Roque González foi levado para Roma numa caixinha de madeira devidamente identificada, fechada e selada. Essa rica lembrança permaneceu na capital italiana por muitos anos em local ignorado e só foi reencontrada no início do século passado, no depósito de relíquias da Universidade Gregoriana, em Roma.

Em 1928, o Superior Geral da Companhia de Jesus, padre Waldomiro Ledochowiski, destinou a relíquia aos jesuítas da Argentina que a guardaram no Colégio Del Salvador. Em 1960, essa preciosa lembrança foi levada para Assunção, no Paraguai, permanecendo até hoje aos cuidados dos jesuítas na igreja do Colégio Cristo Rey.

5 – O Santuário dos Mártires em Caaró

Foi o padre Luís Gonzaga Jaeger quem identificou a localização de Caaró em 1933. Até aquele ano poucas pessoas se dedicaram a encontrar o local de Caaró, com exceção do Monsenhor Estanislau Wolski, pároco de São Luiz Gonzaga, e o padre Max Von Lassberg, SJ, fundador de Cerro Largo, que construiu a primeira capela em Caaró, com o lançamento da pedra fundamental em 15 de novembro de 1936. Somente em 1992, sob a liderança do saudoso bispo de Santo Ângelo, Dom Estanislau A.

Kreutz, a antiga capela foi transformada em Igreja-Santuário.

Durante vários anos o cuidado espiritual do Santuário ficou sob a responsabilidade dos párocos de Caibaté. Em 1972, os jesuítas passaram a ter um padre morando em Caaró. No correr dos anos, a Diocese de Santo Ângelo comprou a área do Santuário da Companhia de Jesus e, em 1989, os Padres Seculares daquela Diocese assumiram a administração daquele templo religioso. Atualmente, o Santuário de Caaró tem status de Paróquia e voltou a ser administrado pelos jesuítas.

Desde o ano da construção da primeira capela em Caaró, em 1936, são realizadas romarias e esse local sagrado, com fiéis que chegam ao Santuário, vindo para agradecer por graças alcançadas e pedir proteção dos Santos Mártires nas suas aflições. A romaria diocesana ao Santuário acontece no terceiro domingo de novembro, mas visitas chegam diariamente a esse local, particularmente em excursões de estudantes.

Roque González e seus companheiros de martírio, Afonso Rodrigues e João de Castilho, foram beatificados pelo Papa Pio XI em 1934 e solenemente canonizados no dia 16 de maio de 1988, pelo papa João Paulo II, durante sua visita à Assunção, capital do Paraguai.

Santuário da Montanha Rachada

Um lugar interessante e curioso na Itália

Afonso Wobeto
Jornalista, jesuíta

Conta o evangelista São Mateus, que na Sexta-feira Santa, quando Jesus morreu na cruz, a terra tremeu e as pedras se partiram... (Mt 27, 51). O evangelista não especifica quais as pedras que se partiram. Sabe-se que a pedra do Monte Calvário, onde estava a cruz de Cristo, está rachada, o que aliás eu pude observar pessoalmente na minha peregrinação à Terra Santa.

E outras rochas não poderiam ter rachado? Vejamos, por exemplo, a interessante e curiosa Montanha Rachada, que tive ocasião de visitar em 1978. Essa Montanha Rachada se encontra em Gaeta, cidadezinha na encosta do mar Tireno, entre Roma e Nápoles, na Itália. Conforme a tradição popular de vários séculos, essas enormes rachaduras se deram por ocasião da morte de Cristo na cruz. Certamente isso não é dogma de fé, mas pelo que se pode observar das saliências e reentrâncias da rocha, não se trata de um terremoto normal. A enorme rachadura deve ter acontecido de maneira miraculosa. Até existe ali outro sinal prodigioso para confirmar a versão popular, chamado a Mão do Turco. Em certa altura de um lado da pedra encontra-se uma placa, onde se lê, em latim, que um infiel se recusou a crer na verdade que a tradição professa; mas a rocha o provou, liquefazendo-se ao toque de seus dedos. Este sinal é, de fato, bem visível na rocha.

As rachaduras naquela montanha são três. A principal e mais significativa vai horizontalmente do mar Tireno até a Bahia de Serapo (mais de 100 metros), e verticalmente, da sumidade da montanha até vários metros abaixo do nível da água (aproximadamente 100 metros de altura em certos lugares). A largura também varia, sendo mais larga pela parte do mar, e estreitando-se até mais ou menos um metro, por grande parte da rachadura. Nessa parte há uma escadaria, um pouco acima da água do mar, de modo que se pode caminhar como num enorme corredor natural.

A segunda grande rachadura é a Gruta do Turco. É chamada assim, talvez porque antigamente serviu de refúgio aos piratas. Trata-se de um enorme precipício, ao qual se desce por uma escadaria de 270 degraus até o mar. Mas conforme alguns historiadores, essa rachadura já existia alguns decênios antes de Cristo. A terceira rachadura é muito estreita e só é visível do lado do mar.

Religiosidade

Como manifestação de fé e veneração à morte de Cristo, relacionada com esse lugar, surgiram ali várias obras de caráter religioso. Já por volta do século XI, os beneditinos de Monte Cassino construíram ali um Santuário. Ali se encontra também um expressivo quadro da Deposição, muito venerado pelos fiéis. Na entrada da principal rachadura está uma capela dedicada a São Felipe Neri.

Aliás, São Felipe Neri deixou ali outro testemunho. A certa altura da fenda da rocha, um pouco além da Mão do Turco, está outra plaquinha que diz: Cama de São Felipe Neri. Conta-se que ali, numa espécie de gruta (um pouco dura para cama...), o santo passava a noite em oração quando visitava a Montanha Rachada ou o Santo Crucifixo, cuja capela se encontra logo ao lado da Cama de São Felipe.

Esta capela também tem sua história. Conta-se que no ano de 1400, a margem sudoeste da Montanha quebrou e uma grande rocha caiu e se encaixou a 30 metros sobre o mar. Os fiéis de Gaeta, certos de que a Montanha se partiu por ocasião da morte de Cristo, construíram ali uma capela, dedicando-a ao Santo Crucifixo. Com o tempo essa capela foi várias vezes danificada, sendo sempre restaurada, a última vez em 1964. Em cima do altar está uma cruz de madeira do século XV, muito venerada pelos devotos, que acorrem em grande número, vindo mesmo de longe, principalmente nas sextas-feiras da Quaresma. Diz-se que no século XVII a devoção ao Santo Crucifixo era tão difundida ali que nenhum navio passava diante da rachadura sem saudar o Redentor com uma salva de canhões.

Para entrar na rachadura principal, passa-se por um corredor chamado Corredor da Via-Sacra. Antigamente, era costume que os peregrinos se preparassem para visitar a Montanha Rachada, meditando sobre Sagrada Paixão de Cristo e passando pelas 14 Capelas que se encontravam ao longo do caminho que vai da cidade antiga de Gaeta até o Santuário. Em 1849, as capelas foram substituídas pelo Corredor da Via-Sacra, com as 14 estações.

Muito interessante e expressivo é o quadro em cerâmica, com todo o conjunto das 14 estações ao final do corredor. Milagre, ou fenômeno natural? Certamente será muito difícil para um historiador ou pesquisador descobrir se essas rachaduras provêm de algum terremoto natural ou daquele causado por ocasião da morte de Cristo na cruz. E mesmo se, algum dia, alguém tal afirmasse, nunca seria objeto de fé para o cristão.

Realmente, isto não é o mais importante. O fato é que se trata de um fenômeno misterioso, que atrai muita gente: turistas, curiosos, estudiosos, peregrinos e devotos da Sagrada Paixão de Cristo, que ali praticam boas obras. Certamente entre os milhares de turistas e peregrinos que ali aparecem cada ano, haverá muitos que, diante desse fenômeno, não deixam de elevar um pensamento de admiração e de louvor, pelas maravilhas que a Providência divina manifesta misteriosamente através das mais variadas formas. E isto já parece algo bastante positivo.

UMA PARÓQUIA JESUÍTA
NA ENCHENTE

Testemunho pessoal do Pe. Vicente Palotti Zorzo, Delegado para a Saúde e Bem-Estar da BRA, Coordenador do Núcleo de Fé e Alegria de Porto Alegre, Administrador Paroquial da Paróquia Santíssima Trindade, jesuíta.

Quero partilhar um pouco do que a Comunidade dos jesuítas do Bairro Farrapos, de Porto Alegre, viveu com as enchentes de maio de 2024.

Eram 22:30 horas do dia 03 de maio, quando meu colega, Pe. Anderson Rabelo me acordou, dizendo que tinha um grupo de pessoas pedindo socorro. Fui ao encontro delas e pediram abrigo na Igreja pois o rio Guaíba estava transbordando. Imediatamente abrimos a Igreja e demos espaço para elas. As escadarias da Igreja têm dois metros e meio de altura. Percebi que as águas eram do Guaíba, pois estava muito suja. Pelas 23:00 horas, com algumas pessoas - já havia umas vinte dentro da Igreja – fui até a Sede de Fé e Alegria pegar o que tinha de pão, biscoito, leite, suco e fruta para levarmos para a Igreja. O P. Anderson ficou acolhendo os desabrigados.

Começamos a colocar todos os eletrodomésticos em cima das mesas. A água já estava dentro da residência e tocava nos meus tornozelos. Pegamos cobertores na Igreja e protegemos os computadores e máquinas de costura. Às águas já estavam na altura dos meus joelhos. Levamos o que pudemos para dentro da Igreja. Voltei ao depósito da Igreja para pegar material de limpeza. As águas estavam na minha cintura.

Na Igreja aumentava o número de pessoas. Vinham cadeirantes, idosos, famílias com crianças. Cada família trazia um cachorro. Pelas duas da manhã tínhamos 100 pessoas na Igreja. Organizei os grupos, orientei para que mantivessem a limpeza. Tive que ir buscar mais material de limpeza: água sanitária, sacos de lixo, facas e copos. Mais pessoas vinham. Organizando as pessoas, fui mordido por um cachorro. Para chegar à cozinha de Fé e Alegria é preciso passar pela nossa residência. Ao abrir a porta encontrei tudo boiando. No Fé e Alegria, a mesma coisa. Os congeladores, cheios de carne, foi preciso quatro pessoas fortes para deslocar conseguir mover minimamente. Peguei vinagre e algumas toalhas secas. Voltei para a Igreja. Eram 05:00 horas da manhã. Ainda havia luz. Liguei o som da Igreja para avisar que iríamos distribuir um lanche:

pão com mel e leite. Com muita delicadeza todos foram pegando os seus alimentos. Lancharam bem.

Pelas 07:00 tive que desligar os interruptores da Igreja porque as àguas já estavam atingindo o relógio da entrada. Sem energia não se conseguiam carregar os celulares. Mais pessoas chegando. Pela 09:00 horas percebi que a situação estava começando a ficar complicada. Vieram duas pessoas, dizendo que teríamos que sair enquanto dava tempo pois o nível da água na rua estava apenas em 1,30 metros e que se poderia ir caminhando (uns mil e duzentos metros) dentro da água até um local onde teria ônibus para levar a um lugar seguro. Disse que os idosos, cadeirantes e baixinhos teriam que ficar. Umas 40 pessoas foram. Ficamos uns 100. Várias pessoas entravam em contato oferecendo ajuda pelo celular. Naquele momento precisávamos sair. Pedi ajuda a alguns conhecidos que acionassem a Defesa Civil. Pelas 11:00 horas veio o primeiro barco. Fizeram a triagem das emergências. Ficou definido que iriam os cadeirantes, idosos e enfermos. Em quatro viagens levaram umas 25 pessoas. Às 14:00 chegaram os bombeiros e disseram que iriam trazer comida para nós. Começaram a chegar mais pessoas. Pelas 15:00 horas viram um cachorro sendo levado pela correnteza. Um rapaz foi resgatá-lo.

Pelas 16:00 chegou um bote de bombeiros do Interior para nos resgatar. Disseram que levaram duas horas para se situar. Estavam perdidos. Para quem conhece a Vila Farrapos é possível entender o que significa conduzir um bote por entre as ruas e praças. Levaram com eles uma senhora com uma criança que não estava bem. Recomendei que um rapaz da Vila fosse com eles para mostrar o caminho. Não voltaram mais. Os alimentos que tínhamos estavam acabando. Restava somente leite.

Pelas 17:00 começaram a chegar mais barcos. Levavam idosos e crianças. Organizamos a distribuição. Por último iriam as famílias com cachorro. Tive que ir até Fé e Alegria para ver, se em caso de urgência, poderíamos sair por lá. As águas dentro do ginásio batiam no meu peito. Meu celular caiu na água. A partir daí deixou de funcionar.

Várias embarcações foram chegando. Éramos aproximadamente 70 pessoas. Resolvi fechar a grade da rampa da Igreja. Saiu uma lancha com 7 pessoas. Chegaram mais 14 adultos, criança e cachorro. Mais barco e lanchas chegando. Adulto com cachorro. Sobrava lugar para um adulto sozinho. Pedi ao Padre Anderson que fosse para ocupar a vaga.

19:00 horas eram 24 pessoas. Muito escuro. Já tínhamos colocado uma vela acesa no canto da rampa para sinalizar para os botes. Fiquei por último para partir. Tinham cachorros. A responsável teve que deixá-los para levar os dois filhos. Os pais deles, vizinhos da Igreja, estavam ilhados. Coloquei-os num bote e pedi que fossem resgatar a família que eu iria cuidar. Havia mais um cachorro no fundo da Igreja. O cachorro resgatado estava com muito medo. Foi junto. Fechei a Igreja e fui para a área de apoio. Eram 08:30 horas.

Chegamos na rodovia sob uma chuva fina. Encontrei a turma que havia saído às 17:00 horas. Perguntei pelo P. Anderson. Não tinham visto. Um senhor disse que estava no mesmo barco. Haviam chegado. Com o aumento da chuva tivemos que ir para baixo da alça de acesso da nova ponte do Guaíba. Encontrei o P. Anderson e vários moradores da Vila Farrapos. Ainda tive a oportunidade de saudar a última família resgatada, a que tinha a guarda dos 4 cachorros. Agradeceram imenso pelo que fiz pelos cachorros e que estão tão contentes que até veio um a mais. Um jovem partilhou comigo uma garrafa de água.

Esperamos até as 23:00 horas. Chegaram os ônibus para levar-nos até um centro de acolhimento. À medida que ia subindo no ônibus, foram surgindo muitas tensões. Algumas pessoas começaram a discutir. Um pai de crianças acolhidas pela Fé e Alegria reservou um lugar para mim. Sentei-me. Uma senhora disse que tinham trocado de bolsa. O que ela faria sem seus remédios!? Nisto ouvi alguém chamando por mim. Olhei para fora, era o padre Anderson e companheiros do Colégio Anchieta que estavam lá fora. Disse que iria sair do ônibus. Muitos quiseram me deter para que continuasse. Disse que tinha família lá fora me esperando. Sorriram. Ao sair disse a todos que tivessem forças. Em breve iremos nos encontrar na Igreja para celebrarmos o fato de estarmos vivos.

À 01:30 da madrugada fui dormir na residência da Comunidade do Colégio Anchieta, pensando no cachorro que teve quem o acolhesse. Se fazemos quase o impossível por ele, quanto mais podemos fazer pelos humanos. Agora, é arregaçar as mangas pelo que vem pela frente. Com os coordenadores, estamos visitando centros de acolhimento para ver as situações. Hoje de manhã encontrei usuários e funcionários. Assim vamos em frente...

Por quê!? Para quê!?

ARNALDO JABOR
DRAMATURGO, CINEASTA, JORNALISTA E ESCRITOR (1940-2022)

A. JABOR NARRA FATOS ACONTECIDOS HÁ ALGUM TEMPO, MAS POR SUA TRÁGICA E TERRÍVEL ATUALIDADE, O LIVRO DA FAMÍLIA PUBLICA NESTA EDIÇÃO. A CRÔNICA NOS FAZ PERGUNTAR SOBRE O "POR QUÊ" E SENTIDO DESTA ONDA DE CRIMES, ESPECIALMENTE CONTRA CRIANÇAS, QUE TODOS OS DIAS AS MÍDIAS JOGAM PARA DENTRO DE NOSSAS CASAS (NR).

Tentei não ler sobre a morte de Isabella. Evitei na época detalhes do assassinato do menino João Helio - na minha profissão há que selecionar horrores. Mas não consegui. Vi o desfecho do caso da menina.

A tragédia não é só das vítimas, mas nós também sofremos para entender o mal incompreensível. Cresce aos poucos pele de rinoceronte em nossa alma; com coração mais duro, ficamos mais cínicos, passivos diante da crueldade.

Como escreveu Oswaldo Giacoia Jr: "O insuportável não é só a dor, mas a falta de sentido da dor, mais ainda, a dor da falta de sentido."

Como entender que um pai e uma madrasta possam ter ferido, estrangulado e atirado uma menininha de 5 anos pela janela? Como entender a cara sólida e cínica que eles ostentam, para fingir inocência? Como não demonstram sentimento de culpa algum? Ninguém berra? Chora? Como podem querer viver depois disso?

Como essa família toda - pais, mães, irmãos - se une na ocultação de crime? Como o avô pôde dizer com a maior cara-de-pau que "se meu filho fosse culpado eu o denunciaria"? Que quer esta gente? Preservar o nome da família? São parentes ou cúmplices? Como podem os advogados de defesa posar de gravata e terninho e cara limpa, falando de "terceira pessoa"? Sei que responderiam: "todos têm direito de defesa...", mas, como é que eles têm estômago?

A polícia deu um show de bola pericial no caso Isabella, mas dá para sentir que nossa estrutura penal está muito defasada. Como se pode tolerar que sujeito que foi condenado na semana passada somente a 13 anos por ter esquartejado a namorada, alegando "legítima defesa", possa ficar em liberdade "até esgotar todos os recursos que a lei prevê?" Como entender que o jornalista Pimenta das Neves, que premeditou o assassinato da namorada com dois tiros pelas costas e na cabeça, condenado já há seis anos, esteja em liberdade? E aquele garoto que matou pai e mãe nos Jardins de SP e a família rica conseguiu esconder?

As leis de execução penal têm de ser aceleradas, as punições, mais temíveis, mais violentas, mais rápidas. Há crescimento da crueldade acima de qualquer codificação jurídica. Esta lentidão, arcaísmo da Justiça é visível não só nos chamados "crimes de classe média", como na barbárie que galopa nas periferias. O Elias Maluco - lembram? - aquele que matou o Tim Lopes com golpes de espada, estava em "liberdade condicional", pois a lei concede isso ao "cidadão". Que cidadão? O conceito de cidadania tem de ser revisto. Cidadania é merecimento. Surgiu na miséria do país uma raça de sub-humanos, sub--bichos que todos os dias degolam, esquartejam, botam no "microondas", e são "cidadãos." Qual será o nome dessa coisa informe que a miséria está gerando? É uma mistura de lixo e sangue, uma nova língua de grunhidos, mais além da maldade, uma pura explosão de vingança. Não se trata mais de uma perversão do "humano", mas, do "animal" em nós.

Há novas formas de crime que tem de ser estudadas e antigos direitos e penas, revistos. Os pensadores da Justiça continuam a tratar os crimes como "desvios da norma". Tem que acabar o tempo dos casuísmos, das leniências, das chicanas. Vivemos trancados num racionalismo impotente diante desse bucho indomável da miséria. Vejo se formar desejo crescente pelo horror, pela crueldade, quase uma fome de catástrofe.

Não falo dos analfabetos desvalidos e loucos, mas os assassinos de classe média já têm o prazer perverso de fazer o inominável.

E este casal de pedra, estes monstros? Será que vão se defender em liberdade, esgotando "todos os recursos da lei", como o esquartejador com "justa causa" ou o assassino daquela menina morta pelas costas, livre e solto? Serão condenados a 10 aninhos com atenuantes e macetes? Que acontecerá com eles, depois de estrangularem e jogarem a filha pela janela?

A lei tem de ser mais temida, rápida, cruel. Por que tantos crimes contra as crianças? O caso do João Hélio, crianças decapitadas na FEBEM, jogadas em pântano em Minas, no lixão, aquela psicopata em Goiás que contratava meninas pobres para torturar, pedofilia, tudo...

As crianças são fontes inconscientes de terror, de Herodes a Édipo e Moisés. O rei Agamenon matou sua filha Ifigenia para ter tempo bom em guerra. Que dizem os antropólogos dos rituais de matança de inocentes, como foi em nossa terra Pedra Bonita, que ficou vermelha do sangue? Em sociedades primitivas, o sacrifício de animais e o sangue de inocentes servem para afastar doenças, prever futuro, saciando o ódio dos deuses. Será que matam nessas crianças o horror a futuro que não há!?

É tão inútil usar as palavras racionalmente diante da brutalidade deste "outro país" do crime e da miséria, que caio em desânimo.

Perguntamos, horrorizados: "Por que fizeram aquilo?". Resposta: "Por nada".

Genocídio no Paraíso

ALBINO DOS REIS
JURISTA E MAGISTRADO PORTUGUÊS

Quando Cabral chegou ao Brasil, os índios eram milhões. Cinco séculos depois, os povos que levaram os "descobridores" a confundir as terras fartas e generosas com o paraíso ultrapassam a custo as cinco centenas de milhares. Foi um dos grandes genocídios da História. Há que pará-lo e, na medida do possível, repará-lo.

Ano de 1500 depois de Cristo. Os índios da Bahia se admiram com aquela gente estranha que desembarca nas suas terras. Gente de cor diferente, que fala uma língua incompreensível, estranhamente vestidos dos pés à cabeça.

Não se sabe ao certo quantos eram os índios que habitavam o território que hoje forma o Brasil, quando a nau capitânia de Pedro Álvares Cabral chegou a Porto Seguro naquele dia 22 de abril. Alguns pesquisadores arriscam números que vão dos 3,5 milhões aos oito milhões de indivíduos. Na troca de presentes, Cabral recebeu um cocar de penas e ofereceu ao cacique Tupinikim um chapéu europeu cheio de outras penas. Ao longo de 500 anos, num verdadeiro genocídio, os índios vem morrendo vítimas de epidemias, fome, deslocamentos forçados, confinamentos em espaços que lhes são adversos, conflitos com invasores (fazendeiros e garimpeiros, sobretudo), trabalhos forçados. O Conselho Indigenista Missionário (CIMI), ligado à Igreja Católica, identificou o extermínio de 1.477 povos indígenas. Segundo Darcy Ribeiro, 55 nações indígenas desapareceram completamente só na primeira metade do século passado. Pelo menos 70 grupos estão atualmente em risco de extinção.

QUEM SÃO?

Segundo os pesquisadores, os primeiros grupos de índios brasileiros teriam vindo da Ásia, atravessando o estreito de Bering há cerca de 50 mil anos.

Por definição, índio é todo o indivíduo que assim se identifica; que a comunidade reconhece como um de seus elementos; que mantém vínculos históricos com populações de antes da "descoberta".

Ainda hoje, os dados existentes não apresentam números absolutamente confiáveis. Os dados demográficos da Fundação Nacional do Índio (FUNAI) indicam uma população indígena de 366.778 indivíduos, pertencentes a 215 povos diferentes. Já o levantamento feito pelo CIMI aponta para 358.310 indivíduos reunidos em 225 nações. Além disso, o CIMI não se limitou apenas a fazer o recenseamento dos povos aldeados e contabilizou mais 193.781 índios a morar em centros urbanos. O CIMI acredita que haja ainda cerca de 900 índios não contactados pela entidade, além de alguns povos livres que nunca foram localizados. Vivem em comunidades de 10 a 25 mil pessoas e falam 170 línguas diferentes. Apenas metade dessas etnias e línguas tem sido objeto de pesquisa básica por parte de etnólogos e linguistas.

Uma grande parte dos povos indígenas mantém há séculos um contato estreito com segmentos da sociedade brasileira, tendo já incorporado bens e produtos industrializados e até perdido as suas línguas maternas, em benefício do português. Apesar disso, lutam por preservar uma identidade feita de valores culturais e tradições específicas. Há também povos que optaram por se manter afastados do convívio com os não-índios permanecendo isolados, ao abrigo de refúgios naturais, de difícil acesso, fugindo ao menor sinal da proximidade dos brancos. A FUNAI confirmou a existência de 12 desses grupos praticamente todos na região amazônica.

Onde estão?

Existem povos indígenas em quase todos os Estados do Brasil. A exceção fica por conta dos estados do Piauí e do Rio Grande do Norte e do Distrito Federal.

Num território nacional com 8.511.965 km², as 568 áreas indígenas ocupam uma extensão total de 1.043.680 km², ou seja, 12,26% das terras do país. A maior parte destas terras – 1.031.206 km² – concentra-se na Amazônia Legal (Amazonas, Acre, Amapá, parte do Maranhão, Mato Grosso, Pará, Rondônia, Roraima e Tocantins) e é aí que vivem 60% da população indígena brasileira. Pode parecer muita terra para tão poucos índios, como argumentam os inimigos da causa indígena, que advogam o confinamento progressivo dos índios em reservas cada vez mais reduzidas e que gritam forte que "índio bom é índio morto". Mas a história ensina que é aos povos indígenas que se deve atribuir o mérito da preservação dos recursos naturais, provocando poucas perturbações ambientais, graças à forte relação de respeito que vivem com a "Mãe-Terra". E mesmo se é verdade que alguns índios ou povos indígenas têm participado ativamente na exploração predatória de recursos naturais das suas terras, fazem-no submetidos a pressões de diferente ordem e enquanto sócios levados ao engano no negócio.

As comunidades indígenas se beneficiam do usufruto exclusivo dessas terras, que não estão todas no mesmo grau de reconhecimento por parte do Governo Federal do Brasil. Enquanto algumas estão demarcadas e devidamente registradas em cartório, outras estão ainda em fase de reconhecimento e muitas sem nenhuma regularização. Qualquer que seja, contudo, a situação das suas terras, os índios continuam a confrontar-se com abusivas invasões de garimpeiros, grupos mineradores nacionais e estrangeiros, empresas madeireiras e posseiros incentivados pelos grandes fazendeiros. Algumas áreas indígenas chegam mesmo a ser sacrificadas aos avanços da "civilização", que as retalha com estradas, postes de alta tensão de energia elétrica e ferrovias ou as inunda com barragens hidroeléctricas.

Que futuro?

Está afastada, como se chegou a crer, a hipótese do desaparecimento físico dos índios no Brasil, mesmo se a sua expectativa de vida é atualmente de 42,6 anos, em média, e nalgumas regiões os índios vivem apenas 24,5 anos. A causa indígena não é, portanto, uma causa perdida. Mas continua a ser uma causa difícil, limitada por pressões cada vez maiores dos interesses econômicos que avançam sobre os recursos naturais das terras indígenas e por políticas pouco claras, que não fazem valer na prática os direitos constitucionais dos índios. Estes precisam cada vez mais reforçar os laços interétnicos e de uma organização política própria que os ajude a entender os mecanismos das estruturas neoliberais que os oprimem.

Ao mesmo tempo, têm de aglutinar à sua volta aliados (meios de comunicação social, ONGs, igrejas, partidos políticos...) que acreditem na sua luta e os respeitem como donos do seu próprio destino. Mas é necessário sobretudo que os índios encontrem um lugar nos projetos de futuro do Brasil. Para que esse direito lhes assista, porém, as instituições políticas, jurídicas e judiciais brasileiras devem realizar um projeto de cidadania que contemple um futuro digno para todos os habitantes desse país de dimensões continentais. Neste caso, com novas políticas indigenistas livres da pesada tradição colonial e abertas a uma articulação com os próprios índios e seus parceiros.

Mãe e Irmã Terra

Os povos indígenas têm uma relação muito especial com a terra, fonte e mãe da vida, espaço vital, garantia da sua existência e reprodução enquanto povos.

A terra não é, como numa certa mentalidade de tipo ocidental e capitalista, somente um fator econômico-produtivo ou um bem comercial, de propriedade individual, que pode ser adquirido, transferido ou alienado segundo as leis do mercado. Na cosmovisão indígena, a terra é mais do que o espaço físico onde se vive e a base do sustento: é o lugar sagrado da sua identidade, onde jazem os antepassados, se reproduz a cultura, a identidade e a própria organização social. Não é a terra que pertence ao homem; é o homem que pertence à terra.

Significativa a este propósito é a carta que o cacique Seattle, do povo Duwamish, escreveu em 1854 ao presidente dos Estados Unidos, em resposta à proposta de compra do seu território pelo Governo americano:

Como se pode comprar o céu, o calor da terra? Tal ideia nos é estranha. Nós não somos donos da pureza do ar ou do resplendor da água. Como podes então comprá-los de nós? Toda esta terra é sagrada para meu povo. Cada folha reluzente, todas as praias arenosas, cada véu de neblina nas florestas escuras, cada clareira e todos os insetos a zumbir são sagrados nas tradições e na consciência do meu povo.

Sabemos que o homem branco não compreende o nosso modo de viver. Para ele, um torrão de terra é igual ao outro, porque ele é um estranho que vem da noite e rouba da terra tudo aquilo quanto necessita. A terra não é sua irmã, mas sim sua inimiga e, depois de sugá-la, ele vai embora... Sua ganância empobrecerá a terra e vai deixar atrás de si os desertos.

Uma coisa sabemos que o homem branco talvez venha um dia a descobrir: o nosso Deus é o mesmo Deus. Julgas talvez que O podes possuir da mesma maneira como desejas possuir a nossa terra. Mas não podes. Ele é Deus da humanidade inteira. E quer bem igualmente ao índio como ao branco. A terra é amada por ele. Causar dano à terra é demonstrar desprezo pelo seu Criador...

Nós amamos a terra como um recém-nascido ama o bater do coração de sua mãe. O nosso Deus é o mesmo Deus e esta terra é querida por Ele. O que acontece à terra acontece aos seus filhos. Por isso, não se pode imaginar um povo indígena sem terra, ou com uma terra poluída ou saqueada.

Nós precisamos tudo vivo. O Yanomami tem pensamento diferente dos brancos. Nós derrubamos a floresta só para trabalhar, não é para derrubar árvores para vender. Nós derrubamos com a permissão da comunidade. Derruba e a gente planta alimentação para sustentar a comunidade. Omame (o Criador) deu Urihi (o território comunitário) para as comunidades permanecer lá. Aonde os índios nasceram para permanecer. Queremos que se respeite a nossa Urihi. Os brancos trouxeram a doença dentro da Urihi e contaminou o nosso sangue, a nossa vida (...). A comunidade precisa das árvores e das frutas vivas, e os igarapés vivos e as montanhas cheias de flores, de chuva, de vento, e os passarinhos cantando. Nós precisamos tudo isso vivo. A terra é como pai, porque procura comida. A água é como mãe, quando você é com sede dá água para beber. Urihi é como meu irmão, um irmão de verdade, ele que dá energia para a gente crescer, para nossas crianças crescer. Então nós crescemos junto com as árvores, os animais e os peixes. Quando está muito quente a floresta pega energia da chuva. Cai em cima da gente e não deixar esquentar. A chuva limpa a comunidade. Nós temos raízes. (Depoimento de Davi Yanomami aos sócios da organização Survival International)

FAMÍLIA E COMPORTAMENTO

Amar a Mãe-Terra é a melhor opção para viver numa família feliz

DEPOIS DA MEIA-IDADE...

Você está passando da meia-idade quando tudo dói e o que não dói já não funciona.

Depois da meia-idade seus anos começam a aparecer na cintura e a cintura começa a desaparecer...

Depois da meia-idade você ainda sente vontade, mas não lembra exatamente do quê.

Depois da meia-idade você sente vontade de se exercitar e deita, esperando a vontade passar.

Depois da meia-idade seu médico lhe recomenda exercícios ao ar livre; então você pega o carro e sai por aí com os vidros abertos.

Depois da meia-idade você até gostaria de um romântico jantar à luz de velas, mas não consegue mais ler o cardápio.

Depois da meia-idade em vez de pentear os cabelos você "arruma" os que ainda sobram.

Na infância, você se divertia fazendo caretas pro espelho; depois da meia-idade o espelho se vinga de você...

Depois da meia-idade você tem respostas para tudo; o problema é que ninguém lhe faz perguntas...

Só lembrando: você tem um tempo certo para nascer, mas incerto para morrer; então, aproveite bem o intervalo...

Dez mandamentos do filho/a na velhice dos pais

Fabrício Carpinejar
Escritor

1. Não permita que os seus pais se sintam desimportantes, que esmolem a sua atenção. Não demore a retornar a ligação. Se você não é presente, pode ser o último a saber do que acontece com a saúde deles. Se não fala com eles, como pedirão ajuda? Ninguém conta seus problemas em rápido contato. Socorro depende de tempo e intimidade para o outro se abrir. As urgências vêm depois da troca de amenidades.

2. Não marque e desmarque encontros, não dê desculpas do excesso de trabalho. Não torture a esperança dos pais. Entenda que estarão o esperando desde manhãzinha. Todo encontro tem expectativas, véspera. Não prometa uma visita para mudar de ideia em cima da hora. Cumpra aquilo que foi agendado. Prioridade jamais é adiada.

3. Não compre brigas tolas e fúteis com os irmãos — o que os pais mais querem é que os filhos se deem bem. A harmonia familiar é o seguro de vida deles. Não há maior tristeza do que não conseguir reunir a todos ao redor da mesa nos aniversários, nos Natais, nas demais datas festivas. Sentirão que falharam na educação.

4. Não minta sob o pretexto de poupá-los do sofrimento. Não subestime a experiência dos dois em detectar a falta de sinceridade. Eles conhecem o sofrimento desde muito antes de você nascer. São capazes de interpretar as adversidades e propor soluções.

5. Confie na competência e autonomia dos pais em realizar as próprias tarefas. Não confunda lentidão com incapacidade, ou alegria com loucura. Você também tem seus esquecimentos ao longo do dia e não se julga doente, com problemas de memória.

6. Mostre algo que aprendeu com eles. Não importa o quê: uma música ou a sua forma de amarrar os cadarços. Não existe melhor saudade do que aquela banhada de gratidão, do que aquela que é pontual, frente a frente, do que aquela que é praticada na presença, olho no olho.

7. Não se irrite ao ouvir as mesmas histórias, nunca são iguais. Há pequenas variações e novos detalhes nas lembranças. A pessoa vai amadurecendo o seu ponto de vista, aperfeiçoando o seu entendimento do passado.

8. Ouça os conselhos. Não precisa realizá-los, mas os ouça, por mais divergentes que sejam da sua opinião. Não corte a conversa porque já imagina onde vai parar ou o que será dito. Telepatia, no fundo, é preconceito.

9. Não recuse a bênção. A bênção é a imunidade do amor. Entenda como uma maneira de dizerem "eu te amo" enquanto rezam pela sua proteção.

10. Ao ir embora, sempre olhe para trás e acene para eles. Ficarão felizes na porta ou janela da despedida. Vão perceber que você retribui a atenção.

FILHO É TERRA DO SAGRADO

Filho é esfera da divindade.
Do invisível.
Do sensível.
Filho é terra do sagrado.
A escolha de ter filho não é para quem tem fé pequena.
Filho é oportunidade de rompermos o portal da ilusão, das mentiras do ego.
Afinal de contas, nem tudo é sobre o controle, estabilidade e a imutabilidade.
Filho é oportunidade.
É sentir lugares no corpo e coração que jamais seriam acessados não fosse a coragem de deixar de ser um só.
Doemos pelo outro.
Choramos pelo outro.
Sorrimos no outro.
Filhos nos desnudam. Esculacham. Viram do avesso. Nos impulsionam a deixar de ser quem éramos.
Com certeza absoluta foi a maior e mais completa experiência que "ser humana" me proporcionou.
A partir da maternidade deixei de ser pequena.
Minha fé foi redobrada.
Sai do centro para ser o centro de alguém.
Ser mãe faz meu coração sentir a existência da eternidade.
Do infinito.
Do amor de Deus.
Da gratitude.
Do presente de ser para outro a coisa mais importante do mundo!

TEXTO: JULIETA FRANCO (@RECRIAR JULIETA)

LIÇÕES DE OUTONO

Leandro Karnal
Historiador, Escritor, Membro da Academia Brasileira de Letras

Penso muito, sempre. Cada experiência positiva ou negativa produz uma pequena ou grande conclusão em mim. A vida é didática, pois erros (em particular os meus) vão moldando minha consciência. Não sei se é assim com você, querida leitora e estimado leitor. Quando vejo uma pessoa sábia, experiente e com fluxo de bons conselhos, sempre imagino: aprendeu errando. Quando dou um conselho sobre um caminho complexo a um motorista (e ele me questiona como tenho certeza da direção), respondo com a verdade: "Já entrei errado, porém, aprendi".

Aqui escrevo quatro conclusões que nasceram dos meus erros. Vamos lá! A primeira delas: **não espere reciprocidade das suas ações**. Se telefonar para alguém no aniversário da pessoa ou der um presente especial, faça porque você deseja. Se receber pessoas na sua casa, jamais aguarde um convite do mesmo tipo. Não busque ou cobre reciprocidade, pois isso causa muita dor e ressentimento. Se uma pessoa presenteada e lembrada em um aniversário responder com completo silêncio no seu, aceite como parte da vida. Se for importante para você, decida não ligar no ano seguinte. Porém, ouça a advertência nascida dos meus erros: fazer, esperando gesto similar, leva à mágoa certa. Faça o que desejar, dentro da lei e da ética, mas deixe a mesma liberdade para a outra pessoa.

Se você tem mais de 15 anos de vida, já acumulou desafetos e até inimigos. Não é possível existir sem despertar raivas nos outros. Elas podem ser justas ou injustas, serão negativas em algumas pessoas. Aqui o segundo conselho de outono é duplo: **aceite que alguns não gostarão de você**. Tudo bem! Desdobramento deste: quem o odeia tem um motivo concreto ou abstrato e, talvez, a crítica seja verdadeira. Nossos inimigos possuem a clareza do menino que, sem afeto às convenções sociais, denuncia que o rei está nu. Quem nos ama açucara muito o olhar sobre nós. Seus adversários podem ter intuições muito ricas. Sei que é estranho, mas tente ver o motivo pelo qual você é considerado uma pessoa desagradável por X ou Y.

Terceira questão na qual errei muito: **uma decisão importante e positiva deve ser comemorada**. Vai parar de fumar? Começará a beber mais água? Reduzirá o consumo de álcool? Fará caminhadas? Vai dispor-se a leituras metódicas e diárias? Parabéns! A decisão foi boa; o primeiro dia de implementá-la será muito auspicioso. O entusiasmo se esgota logo. A única mudança efetiva vem da repetição, que nasce da disciplina. Não farei quando "tiver vontade" ou quando estiver "no clima". Realizarei sempre, mesmo quando a decisão se desbotar.

Disciplina é a chave de tudo. A decisão é um espasmo de vida; a disciplina é a vida nova em si. Se você sente que não poderá manter a boa decisão, é melhor nem começar, porque o fracasso vai atacar sua autoestima. Apesar disso (claro!), você pode tudo que for importante e plausível. Assinale o primeiro dia, comemore o centésimo, passe a acreditar de verdade a partir do milésimo em que repetir o hábito decidido.

O último conselho é o mais subjetivo: **Quase todos os adultos que conheço calçam entre 35 e 45, na numeração brasileira**. Há exceções para baixo e para cima. Fiquemos com a média. No momento da sua vida adulta em que você atingir a numeração do seu sapato, 40 por exemplo, terá uma boa mostra de quase 50% da jornada cumprida. Vivemos, no Brasil, em média, 77 anos (as mulheres, um pouco mais). Assim, simbolicamente, a idade de 37, 38 ou 40 é um bom marco. Hora de avaliar: sem mudanças drásticas de rumo, o que você consegue com a idade do seu sapato (primeira metade da vida, com mais energia) será aproximadamente seu limite. Para conseguir mais, caso seja o seu desejo, precisará de ações distintas. Pode ser um novo curso superior, uma nova língua, um novo negócio ou um novo círculo de amigos. Se não mudar (e não é necessário que o faça), você irá repetir o limite atingido com a idade do sapato. Lembre-se: a maturidade causa sempre certo declínio de energia.

Acho que preciso ser mais claro. Comendo do jeito que come e fazendo a quantidade de atividade física que você faz até chegar à idade do seu sapato, você atingiu um corpo específico. Se não mudar, seu físico ficará assim e vai decair, já que o metabolismo diminui. Para produzir uma mudança real, você precisará quebrar uma tradição sua à mesa, complementada com exercícios e treinos. Isso vale para dinheiro e conhecimento: o que você sabe ou tem não dará um salto expressivo se forem mantidas as atuais práticas. Em resumo, sem mudança estrutural, seus sapatos indicam um limite forte.

Não esperar reciprocidade liberta a gente de muita mágoa. Ouvir ideias dos nossos desafetos é um exercício duro de autoconhecimento. A disciplina é a única coisa que realmente muda a vida. Por fim, a idade do seu sapato é um termômetro, nunca um destino ou uma barreira. Tenha sempre esperança e desconfie de conselhos...

Lições
do medo

Bruna Lombardi
Atriz e Escritora

Todos os poderes políticos, religiosos e militares compreenderam imediatamente e usaram todas as oportunidades de espalhar, desenvolver, amplificar e fabricar esse sentimento

O medo se irradia feito um gás capaz de atingir a todos. Do medo, é gerado tudo o que nos deforma, tudo o que nos escraviza. O grande antagonista da vida não é a morte, é o medo. Não temos que ter medo da morte, temos que ter medo do medo.

Aprendemos pouco sobre esse poderoso sentimento que, se parte dele veio no nosso potencial de sentimentos, todo o restante nos foi incutido, foi influenciado, depositado, fomos adquirindo em tamanha quantidade que aumentou consideravelmente o peso da nossa bagagem.

E, no entanto, todo esse excesso não se transformou em expansão, mas em encolhimento. De uma forma sutil ou deliberada, mas sempre insidiosa, o medo foi diminuindo nossa visão, estreitando nossas fronteiras, nos emparedando e deixando cada vez mais sozinhos.

Existe um conflito permanente dentro de nós, e esse conflito é benigno: lutar contra nossos medos. Para isso, precisamos de ferramenta.

Não se culpe de maneira nenhuma pelo seu medo. A manipulação desse sentimento é ancestral. Desde os primórdios, governantes descobriram que nós, humanos, precisávamos do medo por instinto de sobrevivência. Que o nosso alerta nos fazia atentos a qualquer sinal de risco ou perigo e que esse era o lugar que nos enfraquecia imediatamente como bando e como indivíduo.

O medo. Que canal maravilhoso para controle e domínio! E desde essa descoberta as técnicas se aperfeiçoaram. Todos os poderes políticos, religiosos e militares compreenderam imediatamente e usaram todas as oportunidades de espalhar, desenvolver, amplificar e fabricar o medo para tornar seu poder maior, mais abrangente e duradouro.

Sim, somos filhos do medo. Desde o início dos tempos obedecemos aos comandantes que espalham o medo com propósitos claros. Usam a comunicação disponível em cada época até chegar na larga escala da comunicação de massa, hoje mais fácil e acessível do que nunca. E assim eles garantem que cada um de nós seja movido a medo.

Medo é submissão, a mais fácil de todas. Precisamos reforçar o direito de ser livre, o merecimento de ser feliz, sabendo que um espírito livre e feliz não é facilmente dominado.

Vencer o medo é compreender a matéria de que ele é feito. Desvendar o que o provoca, qual o gatilho, se nos foi imposto e o porquê.

Encarar o medo é uma das tarefas mais duras da vida. Olhar um espelho dentro de nós onde parecemos medonhos e não podemos nos identificar com essa imagem. Não somos nós o nosso monstro. É o medo. Mas fomos nós que abrimos espaço para ele, distraídos, deixamos ele entrar na nossa alma, ocupar pedaços de nós porque não os ocupamos com outros sentimentos. Se tivéssemos preenchido tudo com todas as nuances do amor, o medo não ia encontrar lugar. Porque, desconectados de nós mesmos, não escutamos nossa voz interior, nossa intuição que saberia nos dizer "cuidado, isso é uma cilada".

Qualquer caminho que se escolha traz riscos. A preparação da jornada é detectar isso com sabedoria e não cair. E compreender de onde vem o medo e não permitir que ele se instale.

Dormir (bem) é o "novo petróleo"

Juliana Bublitz
Doutora em História Social, colunista de Zero Hora

Tenho ouvido cada vez mais relatos de amigos, colegas e conhecidos atormentados pela insônia; até as crianças andam com problemas para "desligar".

Um ato natural, vital e simples virou artigo de luxo. A velha máxima atribuída a Benjamin Franklin - time is money - está superada. O "novo petróleo" é uma boa noite de sono. Escrevo este texto, veja só, enquanto a cidade lá fora dorme - ou revira-se na cama tentando pregar os olhos. Vejo janelas com luzes acesas. As pessoas não conseguem mais cair nos braços de Morfeu como outrora, e os bocejos prosperam.

A vida atribulada, o sedentarismo, a má alimentação, o estresse e o excesso de telas são armadilhas incontornáveis. A falta de tempo para uma lista infindável de compromissos e a corrida maluca que inventamos para ganhar dinheiro (e comprar coisas que muitas vezes nem precisamos) conspiram contra o repouso.

Não foi à toa que Byung-Chul Han deu o nome de "sociedade do cansaço" à multidão de zumbis que nos tornamos.

Há um livro incrível, de 2019, escrito pelo neurocientista Sidarta Ribeiro, chamado O Oráculo da Noite. Com maestria, o pesquisador apresenta uma história da mente humana que tem o sonho como fio condutor.

Sidarta explica que, despertos, vivemos sobretudo "fora da mente", porque nossos atos e percepções estão ligados ao mundo além de nós. É dormindo que experimentamos o curioso estado de "viver para dentro", tão essencial à saúde física quanto à mental.

Para muitos, o sono se apresenta como uma "não vida", uma pequena morte cotidiana, ainda que isso não seja verdade. O professor lembra que Hipnos, o deus grego do sono, é irmão gêmeo de Tânatos, deus da morte, ambos filhos da deusa Nix, a Noite. Definido como "transitório e em geral prazeroso", Hipnos é profundamente necessário.

Só que, como tudo na vida, a humanidade subverteu até mesmo o ato de cochilar. A falta de tempo para adormecer e sonhar, na avaliação do autor, é crucial para explicar o mal-estar permanente da civilização contemporânea. Veja o que ele escreve: "No século 21, a busca pelo sono perdido envolve rastreadores de sono, colchões high-tech, máquinas de estimulação sonora, pijamas com biossensores, robôs para ajudar a dormir e uma cornucópia de remédios. A indústria da saúde do sono cresce aceleradamente, tem valor estimado entre US$30 bilhões e US$40 bilhões. Mesmo assim, a insônia impera".

Um casal, qualquer casal, é formado invariavelmente por duas pessoas mais ou menos assim: uma delas deita-se em berço esplêndido e apaga em menos de cinco minutos. Ah, e ela ronca, claro.

A outra... bem, a outra é aquele ser humano que custa a desacelerar, a apaziguar os pensamentos e a deixar que o sono produza efeitos. Quando finalmente vem a vontade de se entregar, a barulheira no travesseiro ao lado o impede. É bastante comum, também, que o insone acorde no meio da noite por qualquer ruído. Confesso: eu sou essa pessoa.

O mais preocupante, nesses tempos pós-modernos cada vez mais doidos, é que até o dorminhoco contumaz precisa se esforçar para entrar "naquele estado de inconsciência em que a tela da realidade se apaga", como diz Sidarta Ribeiro.

Se você é um dos felizardos contemplados por Hipnos, parabéns. Você é um milionário!

O olhar dizia tudo

Fabricio Carpinejar
Jornalista, escritor

Quando fiz a prova prática da autoescola para conseguir a carteira de habilitação, acumulei três pontos negativos no meio dela por ligar tardiamente o pisca ao converter para a esquerda. Qualquer nova falha me obrigaria a repetir o exame.

Na hora de estacionar entre as balizas, no último ato dentro do carro, já pronto para desligar o veículo e considerar o meu trabalho concluído, eu olhei para o instrutor, que apenas me perguntou: "tem certeza disso"?

Aquela interrogação gerou dúvida em mim e despertou uma vontade de me aproximar um pouco mais do meio-fio. Foi o que me salvou. Eu seria reprovado por estacionar muito distante da calçada.

Lembro-me disso porque meus pais não gritavam comigo quando eu me descomportava. Não precisavam. Eles apenas me lançavam um olhar sério e fundo, e já me borrava de medo das consequências.

O olhar sempre me serviu de moldura das decisões. A mirada é a porta da alma, é mais do que uma janela.

Sabia o que os pais pensavam pelo olhar. O silêncio das pupilas vinha, e eu já pedia desculpa e prometia não errar mais. Nem esperava o discurso. Evitava a explosão da raiva, a erupção do vulcão adormecido.

O olhar paterno ou materno entregava o aborrecimento e a possibilidade de castigo. Tinha a chance de me arrepender espontaneamente pelo espelho da censura. Ganhava alguns pontos de atenuante por decifrar a minha molecagem antes da formalização da voz.

O ponto principal de nosso relacionamento é que os meus pais não gastavam as palavras. Havia uma economia de energia e de fôlego. Até porque éramos quatro filhos e eles não tinham tempo, entre os afazeres domésticos, entre os ranchos e almoços, de dar sermão.

Errávamos, mas nos preveníamos dos dissabores assumindo precocemente as falhas. Às vezes, pelo bom comportamento demonstrado na remissão rápida dos pecados, escapávamos do isolamento do quarto.

Repare como hoje os pais falam muito mais e têm menos resultados. Chamam atenção a todo instante. Cansam de repetir as mesmas reprimendas e o que não pode ser feito. Cansam de alertar sobre possíveis tombos ou situações de perigo. Enrouquecem a voz como torcida na arquibancada com a derrota do time.

Falar demais é perder a autoridade.

Por mais que os pais falem sem parar, os filhos não escutam. Não vão escutar. Porque escutar é olhar. Os filhos não olham mais para a cara dos pais. Respondem olhando para a tela do celular. O aparelho telefônico rouba aqueles instantes preciosos de atenção da linguagem corporal.

A educação só será salva se voltarmos a conversar olhando nos olhos. Tudo depende de levantar o queixo e não realizar duas tarefas simultaneamente.

Ou os filhos acabarão reprovados na condução responsável de seus destinos.

Para a Terceira Idade:
Guia Completo de Defesa Pessoal

O Editor: Bruno Á.

Conforme envelhecemos, todos nós começamos a temer um pouco mais por nossa própria segurança, por isso é sempre uma boa ideia ter algum conhecimento sobre a forma de como podemos nos proteger usando a autodefesa. É por isso que vamos compartilhar este guia informativo sobre como proteger-se caso alguém o ameace. Mas, antes de tudo, vale lembrar de estar sempre atento aos arredores, mostrar às pessoas que não tem medo e que é capaz de se defender.

Crimes contra idosos – dados estatísticos

Segundo dados do Ministério da Justiça e Cidadania, o número de crimes contra idosos ainda é alto. De todas as denúncias feitas relacionadas a idosos no último ano, 38% delas foram por abuso financeiro ou violência patrimonial, e 26% por violência física e maus tratos. Muitas vezes, os idosos estão mais vulneráveis a crimes contra a propriedade, como assalto de veículos e outros tipos de roubo.

Dicas de Autodefesa Para Idosos

- Se você precisa transportar um volume grande de objetos ou compras de supermercado, use um carrinho de bagagem, carrinho de feira, ou faça várias viagens. Nunca é uma boa ideia sair sobrecarregado.
- Certifique-se de estacionar e andar em áreas que são bem iluminadas.
- Esteja ciente do seu entorno em todos os momentos. Se não estiver familiarizado com o local que você está no momento, olhe atentamente ao redor para identificar lugares seguros que o permita se proteger do perigo.
- Mantenha as chaves do carro na mão, de preferência com o anel das chaves em um dos seus dedos, quando você está parado, andando, ou fora do carro.
- Quando estiver andando em público, olhe sempre ao redor, ao invés de olhar para o chão, para mostrar que está atento.
- Mantenha um apito e uma lanterna em miniatura no chaveiro, juntamente com as chaves do carro.
- Em relação a cartões e dinheiro, transporte apenas o necessário. Nunca leve todos os seus cartões ou uma quantia muito grande em espécie.
- Se você estiver com uma bolsa, não coloque-a em torno do pescoço, porque a correia pode ser usada como arma em caso de ataque.
- Mantenha salvo o número da polícia em seu telefone celular (190), e também outros importantes, como emergência e bombeiros.
- Grande parte dos celulares atuais já vêm com o número da polícia

gravado, e que pode ser discado rapidamente com apenas um toque. Verifique o seu aparelho.
- Evite usar os caixas eletrônicos. Faça isso preferencialmente durante o dia e, se realmente precisar retirar dinheiro à noite, faça em um local bem iluminado.
- Se alguém bater na porta, sempre olhe pela janela ou no olho mágico da porta caso seja alguém que você não conhece. Se necessário, você pode falar com a pessoa sem abrir a porta. Também é importante ter uma corrente, que não lhe permite abrir toda a porta.

Pratique a Arte de Enganar

Existem várias maneiras que você pode enganar o seu agressor para que ele ou ela não consiga o que quer, e é através da arte do engano. Veja como funciona:
- Considere usar uma carteira de viagem em vez de uma bolsa. Ela pode ficar escondida debaixo da sua roupa, ou até mesmo no bolso.
- Para as mulheres que realmente precisam da bolsa, tente escondê-la dentro da jaqueta ou casaco que estiver vestindo.
- Deixe o dinheiro e os cartões sempre na carteira.
- Se estiver com suas chaves do carro e de casa, guarde-as no bolso e nunca na bolsa.

Como Agir Se For Ameaçado Com Força Física

- Mova seu corpo para o lado para evitar um movimento de entrada, que possa ir para cima de você.
- Não permita ser apoiado contra uma parede ou qualquer outro objeto.
- Se alguém te agarrar, você deve se inclinar contra eles e forçar a cabeça para trás com força, para que percam o equilíbrio. Embora você instintivamente queira lutar, resista a esse impulso, pois pode piorar a situação e colocar sua vida em risco.
- Esteja sempre em forma. Quanto mais em forma e mais forte estiver, é menos provável que você se machuque se for atacado. Fazer um bom treinamento para ter força é fundamental, já que irá aumentar a sua capacidade de se libertar de algum agressor ou até mesmo fugir em caso de ataque. Ter força também pode te ajudar caso o agressor queira jogá-lo no chão.

Use Acessórios Como Arma

Muitos especialistas em autodefesa não recomendam que idosos carreguem armas, como facas ou até mesmo sprays de pimenta. Em vez disso, eles ressaltam que quase tudo o que a pessoa carrega pode ser usado para se defender de um possível agressor ou assaltante, como chaves, guarda-chuva ou uma caneta. No caso de um ataque, pense nos itens que você está carregando e qual deles terá mais impacto e eficiência se você tiver que usá-los como uma arma. Por exemplo, uma caneta pode ser usada no olho do agressor ou agressora, e vai ser muito mais eficaz do que apenas tentar machucá-los no braço. Mas, atenção: Mesmo que, com todas essas dicas, você ainda ache melhor andar com um spray de pimenta, faça isso, caso sinta-se mais seguro e confortável.

Todos os ódios são o mesmo ódio

BRUNA LOMBARDI
ATRIZ E ESCRITORA

Uma pessoa feliz não quer guerra. Não quer armas, não quer violência, não sente ódio pelo outro. Não é misógino, racista, homofóbico, xenófobo. Não ser feliz explica tudo. Essa frase perfeita de Carlos Drummond de Andrade é um dos mais precisos conceitos para entender seres humanos. Uma pessoa feliz não deseja o mal do próximo. Não precisa dominar pra se sentir melhor, nem precisa competir. Uma pessoa feliz quer colaborar, quer união, companheirismo. Uma pessoa feliz quer mudar o mundo pra melhor e entende que a verdadeira mudança começa nas pessoas.

Na História, todas as revoluções sociais que vieram acompanhadas de mudanças de valores foram transformadoras. Mas quando não existe uma nova proposta de repensar o comportamento humano, o defensor dos oprimidos conquista o poder e se transforma no novo opressor.

Existe gente que prega o ódio. É capaz de falar de Deus, de Jesus, que ensinou compaixão e humanidade, e usar seu nome para instigar violência. A instauração do terror faz parte da História, olhamos o passado com espanto e repetimos seus passos. Já vimos através dos tempos o que acontece quando o ódio domina. O medo busca líderes ditadores, totalitários, facínoras. Vimos o terror, a miséria e a carnificina. A desumanização. E isso continua.

Estamos vendo diariamente imagens do horror, e elas são o resultado do que o ódio é capaz. É para esse caminho que o ódio nos leva. Cada vez que se prega o ódio, que se estimula o ódio, que se ensina o ódio é para esse terror que estamos indo. Para um lugar sem volta. O ódio é uma fortíssima correnteza, e suas águas violentas destroem tudo o que alcançam. O ódio destrói quem o sente. É como um veneno que se joga na água que se bebe. O ódio se alastra e envenena, contamina grupos imensos, multidões. E vai atingindo seus alvos. Ódio aos negros, aos judeus, aos homoafetivos, às mulheres, contra toda e qualquer diversidade, seja sexual, religiosa, racial, política.

Todos os ódios são o mesmo ódio. Até os que parecem menores, ódio contra um parente, um vizinho, um funcionário, um desconhecido. Todos os ódios derivam do mesmo lugar. Do mesmo veneno, do mesmo perigo. Todos geram abuso, violência, morte. Não existe saída. A força destruidora do ódio, uma vez deflagrada, se multiplica de forma assustadora. Nenhum ódio é reparador. Nenhum ódio é justo. Por onde passa, deixa toda terra devastada, todo sentimento corrompido, toda esperança arruinada.

O ódio começou nos primórdios do mundo. Caim matou Abel. As sete tribos se espalharam e com o tempo se digladiaram.

Todo ódio é fruto da infelicidade. Combater o ódio é mudar radicalmente o olhar, a perspectiva, os valores. Desarmar os nossos corações. Aprender a olhar o mundo com a sensação irrefreável de que tudo pode ser bom e belo. Compreender a diversidade, a estranha irmandade que existe entre todos nós. Buscar nossa paz de espírito e espalhar um sentimento sereno, um elo amoroso pra vida. Sentir o prazer e se deixar guiar pela luz do amor. Essa é a mudança. **Ser feliz explica tudo isso.**

Um minutinho de uma vida inteira

Fabrício Carpinejar
Jornalista, escritor

Antes mesmo de limitar o horário do celular das crianças, vejo como imprescindível restringir o tempo de uso do aparelho pelos pais.

O celular virou babá dos adultos, cardápio de pessoas e lugares. Você se julga onipresente na virtualidade e comete uma ausência irreparável diante dos seus entes mais próximos na vida real.

Os filhos podem fiscalizar o vício, já que os pais extrapolam o senso do aceitável.

Não são as crianças que ficam o tempo todo no celular, elas apenas seguem os exemplos paterno e materno.

Recebem o celular de presente para não incomodar seus pais entretidos com os seus celulares. É uma distração inventada pelos responsáveis sempre ocupados.

Os pais tomam café com o celular, almoçam com ele, jantam com ele, interrompem passeios para atender chamadas, numa disponibilidade integral aos estímulos externos.

E jamais relatam o que de tão importante estão fazendo, porque nem eles sabem.

Você abre as redes sociais sem um objetivo definido, para descobrir o que você procura enquanto desliza os dedos. De tela a tela, acaba em lugar nenhum, a ponto de não entender como parou no perfil daquela pessoa.

Vê a postagem de um amigo, entra na página da namorada dele, daí passa para a página do amigo da namorada, daí segue para a página da mãe do amigo da namorada, daí migra para a página da amiga da mãe do amigo da namorada.

Trata-se de uma quadrilha digital jamais imaginada por Carlos Drummond de Andrade.

É mentira que exista o hábito de navegar na internet para estar bem informado. Depois de horas zapeando, você não se lembra de coisa alguma. A memória se desintegra automaticamente. Como lapsos de uma bebedeira feita de imagens e links.

A pressa é um embuste. Se você responder alguém no minuto em que recebeu a mensagem ou após duas horas, não fará diferença. O destinatário vai ler quando quiser. Experimenta-se uma noção falsa de importância pessoal e profissional pela simultaneidade dos contatos.

Não há mais rotina offline: acariciar as costas do outro, olhar nos olhos, abraçar na chegada ou despedida de casa, fazer algum gracejo aproveitando o gancho de uma conversa, dar uma caminhada com os ouvidos livres e o rosto voltado para o céu.

A exigência de música no fone para qualquer percurso roubou a nossa escuta. A inclinação em torno da luz azulada brilhando na mão roubou a nossa visão e a nossa postura.

Surgirá uma mensagem mais urgente do que a família. Surgirá uma ligação mais inadiável do que o seu lar. Porque sua prioridade é o celular, mais ninguém. Como se todos os seus afetos morassem dentro dele, não fora dele.

Só um minutinho hoje pode durar uma vida inteira.

Qualquer um pode acessar o tempo que dedica ao telefone por dia, no símbolo da ampulheta de Ajustes (iOS) ou no símbolo do coração de Configurações (Android).

Não estranhe que a estatística resulte em dezoito horas diárias.

Representa uma intoxicação. O único momento em que não vem empregando o aparelho é na hora do sono: as seis solitárias horas de sono.

Se o filho quiser falar com o pai e com a mãe, terá que ser apenas quando eles estiverem dormindo e ainda precisará torcer para que sejam sonâmbulos...

Educação de crianças
em diferentes países

Para o desenvolvimento adequado de nossos filhos, alguns leem livros que explicam como serem melhores pais, enquanto outros preferem receber dicas de outros pais experientes. Acontece que há também muito mais informações que podemos aprender com os pais de diferentes culturas e estudos, que nos ajudarão a criar nossos filhos da melhor maneira possível. O Livro da Família apresenta estas dicas, mesmo que seja como curiosidade para entender a criação das crianças em outras culturas.

Noruega
Deixe as crianças correrem riscos. Estudos conduzidos na Noruega sugerem que crianças devem ter riscos permitidos, o que às vezes preferimos evitar por segurança, como subir em árvores ou sair da visão dos pais. Quando deixamos nossos filhos assumirem riscos, permitimos que eles enfrentem desafios e melhorem seu julgamento sobre o que o próprio corpo pode ou não fazer. Além disso, um estudo de 2015 mostrou que a possibilidade de se envolver em atividades "perigosas" para crianças entre 3 e 12 anos de idade é mais benéfica para a saúde do que manter uma segurança estrita. Esteja presente para apoiar e proteger seu filho e, claro, mantê-lo à vista quando ele for brincar com outras crianças, mas não as impeça de testar suas habilidades.

Coreia do Sul
Evite criar um cardápio especial para crianças. Em muitos países que são conhecidos por sua rica culinária, como a Coreia do Sul, por exemplo, as crianças não recebem refeições separadas ou diferentes de seus pais. É ideal que eles esperem pacientemente e comam junto com toda a família a mesma comida que está no prato dos pais. Comer juntos, onde todos comem e desfrutam do mesmo prato, incentiva as crianças a consumir uma variedade de alimentos e não apenas os alimentos que preferem. Se você estiver cozinhando vários pratos diferentes diariamente, talvez deva parar. Evite esta prática e deixe seu filho acostumado a comer os mesmos alimentos e refeições que você come desde cedo, com ênfase em pratos saudáveis e nutritivos para você e para eles.

China
Estabeleça metas que estão levemente fora do alcance para seus filhos. Professores e pais na China encorajam as crianças a trabalhar duro para alcançar seus objetivos, por exemplo, colocando uma maçã fora de seu alcance para que possam pegá-la sozinhos, em vez de dar na mão. No entanto, é preciso garantir que o objetivo não seja impossível ou que o esforço seja grande ou difícil demais. Se, por exemplo, você

colocar um brinquedo para o seu bebê em um lugar distante ou muito alto, ele perderá a paciência e encontrará outra maneira de se envolver. Por outro lado, se você colocar o brinquedo muito perto, isso não fornecerá ao bebê um desafio suficiente para motivá-lo a agir. Não faça o trabalho para seus filhos, mas não permita que eles façam mais do que deveriam.

Japão

Não há problema em deixar as crianças brigarem entre si. Em um estudo realizado no Japão em 2003, descobriu-se que crianças e adultos japoneses entre 7 e 24 anos sabem como resolver conflitos com seus amigos de maneiras mais eficazes do que no mundo ocidental, aparentemente, porque os pais no Japão permitem que crianças resolvam seus próprios conflitos. É claro que, em um caso de conflito físico ou violento, recomenda-se separar as crianças, mas ao discutir sobre um brinquedo que cada um deles quer ou um papel em uma peça, é recomendável que eles realmente resolvam o conflito. Isso também inclui o passo de fazer as pazes, já que eles precisam saber como lidar com suas próprias emoções e impulsos. É claro que você pode e deve fornecer orientações e servir como modelos, mas não se sinta obrigado a intervir. Dê um passo para trás e deixe seus filhos resolverem seus próprios problemas para que eles saibam como fazê-lo no futuro, em casos mais extremos.

Norte da Europa

Saia com seus filhos todos os dias, mesmo no inverno. No norte da Europa, onde o clima de inverno "congela o sangue", espera-se que as crianças brinquem fora todos os dias. Além disso, os pais costumam levar seus bebês para passear em seus carrinhos para que possam tirar uma soneca durante a viagem ao ar livre, mesmo quando as temperaturas são muito baixas. Nessas áreas, os pais não evitam que seus filhos passem o tempo fora mesmo quando chove, com o que costumam dizer: "Não existe tempo ruim, apenas roupas ruins". Na Noruega, por exemplo, as crianças são enviadas para o jardim de infância com um ano de idade e passam muito tempo ao ar livre, mesmo em condições de clima frio abaixo de zero.

França e Japão
Ensine seus filhos a cumprimentar os outros. Na França e no Japão, é costume educar as crianças para dizer "olá" e "adeus", da mesma forma que ensinam a ler e escrever e a incentivar essa prática com exercícios que melhoram a capacidade de comunicação das crianças. Pense nos cumprimentos como um lembrete para seus filhos de que eles não estão sozinhos no mundo e que há muitas outras pessoas ao seu redor; eles devem estar cientes disso e saber como se comportar de acordo para que possam desenvolver habilidades de comunicação saudáveis e eficazes. Não há necessidade de forçá-los a beijar a tia ou a avó, mas devem ser educados e cumprimentar pessoas conhecidas.

Guatemala
Não obrigue as crianças a compartilharem coisas. Em um estudo comparando crianças pequenas da Guatemala a crianças dos Estados Unidos, as crianças na Guatemala ficaram mais livres para fazer suas próprias escolhas, pois seus pais permitiram que eles fizessem o que queriam quando se tratava de seus itens pessoais e não os forçaram a compartilhar brinquedos com seus irmãos. Em vez de exigir que seus filhos compartilhem, os pais esperam que seus filhos atinjam a idade de começar a compartilhar seus pertences de forma independente e, ao contrário das crianças nos Estados Unidos, começam a compartilhar espontaneamente e demonstram maior generosidade.

América do Sul
Durma com seus bebês. Somos frequentemente aconselhados a deixar o bebê dormir sozinho desde cedo, a fim de promover a independência, mas entre a maioria das famílias ao redor do mundo, especialmente as famílias sul-americanas, os pais dormem com seus bebês. Pesquisas mostram que as crianças que dormem com os pais em tenra idade crescem para serem mais independentes do que aquelas que não dormem.

Quênia
Evite contato visual em casos de choro excessivo. No Quênia, as mães tendem a carregar seus bebês em todos os lugares, mas evitam dar-lhes muita atenção. Quando seus bebês começam a chorar ou balbuciar, evitam o contato visual com eles. Embora isso pareça algo difícil para um pai e um pouco desagradável para o bebê, é absolutamente lógico. O contato visual permite que o bebê assuma o controle da situação e exacerba suas respostas, porque ele sabe que está sendo ouvido. É como dizer a uma criança: "Você está no comando agora", e essa não é a mensagem que

qualquer pai ou mãe quer transmitir a seu filho. Estudos realizados na tribo Gussi mostraram que seus filhos procuram muito menos atenção de seus pais em uma idade mais velha por causa desta técnica.

Finlândia
Reconhecer a importância das férias escolares. Na Finlândia, as crianças recebem mais tempo na escola e brincam fora da sala de aula mais do que em outros países. Durante os intervalos, eles esquiam, patinam no gelo ou simplesmente correm com os amigos no quintal, e os dias de escola são mais curtos, durando apenas algumas horas. Além disso, as crianças têm uma variedade de aulas, como carpintaria, costura, culinária, música e arte, que ajudam a quebrar a rotina na escola. Embora pareçam estar aprendendo menos na escola, as notas dos alunos na Finlândia transcendem as de muitos países ao redor do mundo, o que significa que muitos intervalos podem ser o caminho a percorrer.

Itália e Brasil
Permitir que outras pessoas participem da criação dos filhos. Em muitos países do mundo, como Itália e Brasil, os pais acreditam que a melhor maneira de criar filhos para o bem-estar é permitir que a família e os amigos ajudem a criá-los. No Brasil, por exemplo, muitas famílias moram em lares com três gerações - avós, pais e filhos, ou pelo menos em unidades ou andares separados na mesma casa. Também permite que os avós criem crianças diariamente, o que ajuda as crianças a serem expostas a diferentes tipos de atenção, cada uma com outra coisa para ensinar e dar.

Polinésia
Deixe seus filhos cuidarem de outras crianças. Na Polinésia, não é apenas um irmão mais velho ou irmã que cuida de seus irmãos mais novos, mas um cuidado dedicado semelhante ao dos pais, mesmo quando estão por perto. Os pais polinésios cuidam de seus bebês até que

possam andar sozinhos, mas a partir desse momento a responsabilidade é transferida para as crianças mais velhas. As crianças em idade pré-escolar, por exemplo, aprendem como acalmar os bebês que choram, o que faz com que o bebê se torne mais independente em um estágio anterior, pois aprendem rapidamente que somente se estiverem calmas poderão brincar com seus irmãos mais velhos.

Suécia

Tire as cercas. Os pais na Suécia tentam não controlar seus filhos, ensinando-os a se controlar e a ouvir sua voz interior. isso os ajuda a tomar decisões mais inteligentes em idade precoce. Em alguns dos jardins de infância na Suécia, por exemplo, não há cercas que fecham as crianças em uma área limitada. Em vez disso, os professores instruem as crianças a verem a "cerca invisível", permitindo que pratiquem o autocontrole todos os dias.

Espanha e Argentina

Deixe as crianças acordadas até as 22h. Para pais espanhóis e argentinos, a ideia de mandar uma criança para a cama às 19h ou 20h é estranha. Como não há muitas horas durante o dia em que podemos passar mais tempo com nossos filhos, uma vez que passamos a maior parte do tempo no trabalho e na escola, as noites costumam ser a única vez em que podemos passar mais tempo com nossos filhos. Nesses países, as crianças ficam acordadas até as 10 da noite, para que possam aproveitar os pais e a família, enquanto dormem o suficiente para manter a saúde.

Vietnã e China

Ensine seus filhos a irem ao banheiro antes de ensiná-los a andar. O Vietnã e a China adotaram um método para fazer com que as crianças controlem suas necessidades a partir dos 9 meses de idade, cerca de um ano antes dos bebês dos países ocidentais. Este é um ano inteiro de economia de tempo de troca de fraldas e dinheiro. Sempre que os pais notam movimentos ou ruídos que o bebê faz quando precisam se aliviar, eles os seguram no vaso sanitário e assobiam. Assim como no experimento de Pavlov, quando os bebês ouvem esse apito, sabem aliviar-se. Os bebês submetidos a esse tratamento aprendem como controlar suas necessidades até os dois anos de idade, e sabem como se sentar no penico ou no vaso sanitário, uma vez que eles mesmos reconhecem os sinais em seus corpos.

CONTOS E MENSAGENS

**AMAR A MÃE-TERRA NÃO É UM CONTO,
MAS UMA MENSAGEM ACOLHIDA E
VIVIDA NO CORAÇÃO**

No consultório do dentista

Meu nome é Camila. Eu estava sentada na sala de espera do dentista para minha primeira consulta com ele. Seu diploma estava pendurado na parede, com seu nome completo. De repente, lembrei-me de um menino alto, bonito, de cabelos pretos, que tinha o mesmo nome e que estava na minha turma do ensino médio, há cerca de 30 anos. Poderia ser ele o mesmo garoto por quem eu tive uma paixonite secreta? Mas depois de vê-lo no consultório, rapidamente descartei esses pensamentos. O dentista era um homem gordo, careca, de cabelos grisalhos, com o rosto cheio de rugas e parecia muito velho para ter sido meu colega de classe. Depois que ele examinou meus dentes, perguntei se havia estudado na Escola Secundária Isaac Newton.

- Sim, sim!!! Ele sorriu com orgulho. Perguntei a ele:
- Quando você se formou?
– Em 1985. Por que você me pergunta?
– Você estava na minha classe!
– Ele me olhou com atenção... E então este velho careca, enrugado, gordo e meio decrépito me perguntou:
– Não me lembro... me diga, por favor, que matéria a senhora lecionava!?

O Senhor dos Jardins
Ou "A parábola dos talentos"

Ruben Alves
*Educador, teólogo, poeta,
escritor (in memoriam)*

Havia um homem muito rico, possuidor de vastas propriedades, que era apaixonado por jardins. Os jardins ocupavam o seu pensamento o tempo todo e ele repetia sem cessar: "O mundo inteiro ainda deverá se transformar num jardim. O mundo inteiro deverá ser belo, perfumado e pacífico. O mundo inteiro ainda se transformará num lugar de felicidade." Suas terras eram uma sucessão sem fim de jardins, jardins japoneses, ingleses, italianos, jardins de ervas, franceses. Era um trabalhão cuidar dos jardins. Mas valia a pena pela alegria. O verde das folhas, o colorido das flores, as variadas simetrias das plantas, os pássaros, as borboletas, os insetos, as fontes, as frutas, o perfume... Sozinho ele não daria conta. Então, ele anunciou que precisava de jardineiros.

Muitos se apresentaram e foram empregados. Aconteceu que ele precisou fazer uma longa viagem. Iria a uma terra longínqua comprar mais terras para plantar mais jardins. Assim, chamou três dos jardineiros que contratara, Paulo, Hermógenes e Boanerges e lhes disse: "Vou viajar. Ficarei muito tempo longe. E quero que vocês cuidem de três dos meus jardins. Os outros, já providenciei quem cuide deles. A você, Paulo, eu entrego o cuidado do jardim japonês. Cuide bem das cerejeiras, veja que as carpas estejam sempre bem alimentadas... A você, Hermógenes, entrego o cuidado do jardim inglês, com toda a sua exuberância de flores pelas rochas... E a você, Boanerges, entrego o cuidado do jardim mineiro, com romãs, hortelãs e jasmins."

Dito isso, ele partiu. O Paulo ficou muito feliz e pôs-se a cuidar do jardim japonês. O Hermógenes ficou muito feliz e pôs-se a cuidar do jardim inglês. Mas o Boanerges não era jardineiro. Mentira ao se oferecer para o emprego. Quando ele viu o jardim mineiro ele disse: "Cuidar de jardins não é comigo. É trabalho demais...". Trancou então o jardim com um cadeado e o abandonou.

Meses depois, o Senhor dos Jardins voltou, ansioso por ver os seus jardins. O Paulo, feliz, mostrou-lhe o jardim japonês, que estava muito mais bonito do que quando o recebera. O Senhor dos Jardins ficou muito feliz e sorriu. Veio o Hermógenes e lhe mostrou o jardim inglês, exuberante de flores e cores. O Senhor dos Jardins ficou muito feliz e sorriu. Aí foi a vez do Boanerges. E não havia formas de enganar.

"Ah! Senhor! Preciso confessar: não sou jardineiro. Os jardins me dão medo. Tenho medo das plantas, dos espinhos, das taturanas, das aranhas. Minhas mãos são delicadas. Não são próprias para mexer com a terra, essa coisa suja... Mas o que me assusta mesmo é o fato das plantas estarem sempre se transformando: crescem, florescem, perdem as folhas. Cuidar delas é uma trabalheira sem fim. Se estivesse no meu poder, todas as plantas e flores seriam de plástico. E a terra seria coberta com cimento, pedras e cerâmica, para evitar a sujeira. As pedras me dão tranquilidade. Elas não se mexem. Ficam onde são colocadas. Como é fácil lavá-las com esguicho e vassoura! Assim, eu não cuidei do jardim. Mas o tranquei com um cadeado, para que os traficantes e os vagabundos não o invadissem". E com estas palavras entregou ao Senhor dos Jardins a chave do cadeado.

O Senhor dos Jardins ficou muito triste e disse: "Esse jardim está perdido. Deverá ser todo refeito. Paulo, Hermógenes: vocês vão ficar encarregados de cuidar desse jardim. Quem já tinha jardins ficará com mais jardins. E, quanto a você, Boanerges, respeito o seu desejo. Você não gosta de jardins. Vai ficar sem jardins. Você gosta de pedras. Muito bem. Pois, de hoje em diante, você irá quebrar pedras na minha pedreira..."!

As fábulas mais conhecidas de Esopo

Fábulas são narrativas curtas que carregam grandes lições, muitas vezes protagonizadas por animais que assumem comportamentos semelhantes aos humanos. As fábulas têm como objetivo educar as pessoas acerca de diversos temas.

Esopo (620 a.C. – 564 a.C.), escritor da Grécia Antiga, foi o responsável pela criação e divulgação do gênero literário. Leia as fábulas mais famosas do autor e a moral de cada uma delas.

1. A Cigarra e a Formiga

A cigarra passou o verão cantando, enquanto a formiga juntava seus grãos. Quando chegou o inverno, a cigarra veio à casa da formiga para pedir que lhe desse o que comer. A formiga perguntou a ela:

- E o que é que você fez durante todo o verão?
- Durante o verão, eu cantei.
- Muito bem, pois agora dance!

MORAL: *Temos que nos esforçar agora, para podermos colher os frutos do nosso trabalho mais tarde. Se não o fizermos, ficaremos dependentes da ajuda das outras pessoas.*

2. A Raposa e o Corvo

Um corvo roubou um queijo e com ele fugiu para o alto de uma árvore. Uma raposa, ao vê-lo, teve muita vontade comer aquele queijo. Então, ela ficou ao pé da árvore e começou a louvar a beleza e a graça do corvo, dizendo:

- Com certeza o senhor corvo é muito bonito, gentil e nenhum pássaro poderá ser comparado a você. Só lhe falta...cantar!

O corvo, querendo se exibir, abriu o bico para tentar cantar, fazendo o queijo cair. A raposa abocanhou o queijo e saiu correndo. O corvo, além de faminto, ficou lamentando a sua estupidez.

MORAL: *A vaidade cega e nem todo mundo que nos elogia possui boas intenções. Cuidado com as pessoas bajuladoras e interesseiras.*

3. A Lebre e a Tartaruga

Uma tartaruga e uma lebre discutiam sobre qual era a mais rápida entre as duas. E, então, marcaram um dia e um lugar para uma corrida. A lebre, confiando em sua rapidez natural, não se apressou em correr, se deitou no caminho e dormiu. Mas a tartaruga, consciente de sua lentidão, não parou de correr e, assim, ultrapassou a lebre que dormia e chegou ao fim, obtendo a vitória.

MORAL: *Persistência e esforço aumentam a nossa capacidade e a probabilidade de vencer na vida.*

A negligência e o excesso de confiança, pelo contrário, sempre nos prejudicam.

4. A Raposa e as uvas

Uma raposa se aproximou de um parreiral e viu as uvas maduras e apetitosas. Com água na boca, a raposa desejou comer as uvas e, para tanto, começou a fazer esforços para alcançá-las. Mas as uvas estavam muito altas e a raposa não conseguiu alcançá-las. Disse então:
- Estas uvas estão verdes, são azedas e podem desbotar os meus dentes; além do mais, não gosto de uvas que não estão maduras.

MORAL: *Por vezes, quando não conseguimos ter uma coisa, tendemos a desvalorizá-la para não assumir nossos limites.*

5. O Cão e a sombra

Um Cão carregava na boca um pedaço de carne quando, ao passar por um riacho, viu no fundo da água a sombra da carne que parecia maior. Soltou a que levava nos dentes para tentar pegar a que via na água. O riacho levou com a correnteza a verdadeira carne e também a sua sombra. No fim, o cão acabou ficando sem nada.

MORAL: *A ganância pode ser a nossa perdição, se arriscarmos aquilo que é seguro por algo ilusório que parece melhor.*

6. A Rã e o Touro

Um touro grande estava passeando perto da água e, ao ver a rã tão grande, sentiu inveja. A rã começou a comer e inflar-se com o vento, perguntando às outras se já estava tão grande quanto o touro. Elas responderam que não. A rã tentou novamente, inflando-se com mais força, mas percebeu que ainda estava muito longe de ser igual ao touro. Na terceira tentativa, ela se inflou tanto que acabou explodindo!

MORAL: *O fato de competirmos e nos compararmos com os outros, ao invés de nos aceitarmos, sempre acaba nos prejudicando.*

7. O Burro carregando o sal

Um burro estava atravessando um rio carregando sal. Ao escorregar e cair na água, o sal se dissolveu e tornou a sua carga mais leve. Feliz com essa descoberta, enquanto carregava esponjas, ele escorregou de propósito. No entanto, as esponjas absorveram a água e o burro não conseguiu mais se levantar, acabando por se afogar.

MORAL: *Aqueles que se acham espertos e inventam formas de tirar vantagem de uma situação, acabam virando vítimas dos próprios truques.*

8. A Galinha e os ovos de ouro

Um camponês e sua esposa possuíam uma galinha, que todo dia botava um ovo de ouro. Motivados pela ganância, e supondo que dentro dela deveria haver uma grande quantidade de ouro, eles resolveram sacrificar o pobre animal, para pegar tudo de uma só vez. Para surpresa dos dois, viram que a ave era igual às outras galinhas. Desejando enriquecer de uma só vez, acabaram por perder o ganho diário que já tinham.

MORAL: *Quem tudo quer tudo perde.*

9. O Lobo e o Cordeiro

Num pequeno córrego, um lobo faminto estava bebendo água quando um cordeiro chegou mais abaixo e começou a beber também. O lobo olhou com olhos sanguinários e mostrou os dentes, dizendo: "Como ousas roubar a água onde eu bebo"!?

O cordeiro respondeu humildemente: "Eu estou abaixo de onde você bebe, não poderia sujar a sua água". O lobo, mais furioso, retrucou: "Você é culpado pelo estrago que fez ao pastar no meu campo". O cordeiro disse: "Mas eu ainda não tenho dentes". Sem mais argumentos, o lobo pulou sobre o cordeiro e o devorou.

MORAL: *Quem está disposto a usar a força física e machucar o outro, não atende a nenhum tipo de lógica ou argumentação.*

10. O Pastor mentiroso e o Lobo

Era uma vez um jovem pastor que levava suas ovelhas para pastar na serra. Para se divertir e ter companhia, ele gritava "Lobo! Lobo!" na direção da aldeia, fazendo os camponeses irem até ele. Mas não era verdade, era apenas uma brincadeira. O pastor repetiu essa brincadeira várias vezes.

Um certo dia, um lobo realmente apareceu e atacou o rebanho. O pastor pediu ajuda gritando "Lobo! Lobo!", mas os camponeses não acreditaram nele, pensando que era mais uma brincadeira. E o lobo pôde atacar as ovelhas à vontade. Quando o pastor voltou para a aldeia, reclamou amargamente. O homem mais velho e sábio da aldeia respondeu: "A quem mente constantemente não se dará crédito quando falar a verdade".

MORAL: *Se mentirmos muitas vezes as pessoas param de acreditar em nós, mesmo quando falamos a verdade.*

11. O Urso e as Abelhas

Um urso encontrou uma colmeia enquanto procurava por frutos silvestres. Ele checou se as abelhas estavam em casa para se deliciar com o mel, mas uma abelha voltou do campo e o picou. O urso, enfurecido, atacou a colmeia, mas as abelhas se defenderam e ele teve que fugir para um lago para se salvar.

MORAL: *é melhor suportar uma pequena injúria em silêncio do que provocar uma grande confusão com um ataque de fúria.*

12. O Cavalo e o Burro

Um cavalo, luxuosamente adornado com seda e ouro, encontrou um burro carregado no caminho e, cheio de arrogância, mandou que se desviasse do seu caminho. O pobre burro ficou em silêncio e suportou a ofensa. Alguns dias depois, o cavalo machucou a pata e começou a mancar. Seu dono retirou seus arreios valiosos e o transformou num animal de carga. O burro encontrou o cavalo e, sorrindo ironicamente, apenas disse: "carregando esterco, hein"!?

MORAL: *Fortunas e posições podem mudar: o vaidoso aplaudido de ontem pode ser o desprezado de hoje.*

CRÔNICAS DO CARPINEJAR

MAIS UMA VEZ, **FABRÍCIO CARPINEJAR** MARCA PRESENÇA NO LIVRO DA FAMÍLIA. ESCRITOR, PALESTRANTE, ELE DISPENSA MAIORES APRESENTAÇÕES. DESFRUTEM DO JEITO SIMPLES E DIRETO DESTE CONHECIDO COMUNICADOR A QUEM AGRADECEMOS A DISPONIBILIZAÇÃO DESTAS CRÔNICAS.

A dor não usa relógio

Há uma dificuldade de dizer que não está tudo bem. Quando alguém o cumprimenta e você diz que está tudo bem, não deve explicar nada. Quando você diz que não está tudo bem, precisa dar detalhes da mágoa ou aborrecimento. Vira desabafo.

Desde a enchente que devastou o Rio Grande do Sul, desde o maior desastre ambiental da história gaúcha, que afetou 90% dos nossos municípios, não estamos bem coletivamente. A saudação dispensa respostas otimistas e educadas.

Eu sei rir, eu sei fazer palhaçada, eu sei brincar, sou conhecido pelas minhas gargalhadas nada "discretas", mas algo eu também sei: o momento de calar, o momento de respeitar as perdas, o momento de oferecer apenas a presença atenta, o silêncio comovido.

E talvez seja a maior proeza que existe: entender e aceitar o sofrimento do outro e não tratá-lo como bobagem, não tratá-lo como drama, não tratá-lo como exagero.

Não estabelecer, de modo nenhum, um prazo de validade para o sofrimento. Já que a dor não usa relógio, ela tampouco sabe que dia é hoje.

Jamais falar:

— Você ainda está sofrendo?
— Você ainda está falando disso?

Ter noção de que cada alma digere num tempo diferente. A digestão da alma é distinta para cada um. Não há como apressá-la, não há como acelerá-la.

Muitos repetirão detalhe por detalhe de como suas casas foram inundadas, o que a água levou, o que não terão de volta. Cabe-nos escutar com interesse, pois envolve traumas, prejuízos irreparáveis de uma existência.

Não desista de acolher o que vem de um coração machucado. Não censure afirmando que já conhece o relato. Deixe a vítima externar o seu sofrimento represado — o sofrimento, por mais que seja dito, permanecerá ainda inédito por longos anos.

Costumamos querer impor um ambiente alegre de imediato, uma atmosfera de recuperação instantânea, mas é um movimento artificial, caduco, postiço, pouco espontâneo.

É aquela mania de motivar da boca para fora:

— Vamos lá, você tem que melhorar, você tem que reagir.

Somente cicatrizamos ao ser compreendidos. Dependemos, antes de tudo, de compreensão. Dependemos de apoio e amparo, para não nos sentirmos enlouquecidos, como se estivéssemos delirando sem razão.

É importante a percepção da realidade das lacunas e da saudade, o reconhecimento de que a tristeza não foi uma fantasia, de que aquilo que aconteceu foi um fato, de que aquele fato desencadeou sérios danos, de que cada um se reeducará para enxergar a vida.

Não está tudo bem, mas estou com você.

Na enchente, atravessamos um luto. O luto de um estado, de uma cidade, de um familiar, de um amigo, de um pet, de um lar, de um emprego, de uma esperança.

Pode ser que demore. Pode ser que nos atrapalhemos no avanço dos dias, recuando algumas vezes ou chorando pelos infortúnios.

É hora de respirar fundo e ter mais paciência. Porque paciência é amor. Quanto mais paciência você tem, mais ama o outro. Quanto menos paciência você tem, menos você ama o outro.

Estamos juntos em qualquer situação, boa ou ruim.

Mãozinha no celular

É comum no Réveillon o congestionamento do sinal telefônico. Todo mundo inventa de ligar para alguém por chamada de vídeo e mostrar onde está e os fogos de artifício espocando no céu (para a infelicidade da audição ultrassensível dos cachorros).

Em vez de abraçar e comemorar com quem está ao lado, preocupamo-nos com os ausentes. Começamos o ano com a cabeça baixa, debruçada no celular, abstraindo perigosamente aqueles que escolheram a nossa companhia, revelando-nos mais interessados em mandar mensagens do que ser a própria mensagem viva e atenta de um momento.

Não sei onde iremos parar, mas com certeza estaremos descarregados de recordações. A memória se realiza com a presença. Sem memória, não somos capazes sequer de produzir saudade e sentir falta. As experiências vão se equivalendo no branco da tela e anulando as descobertas, os suspiros, os arrepios da pele.

Tomei uma decisão: ao me encontrar, daqui por diante, com um amigo ou familiar, porei o meu celular no bolso. Lá ele ficará até a despedida, até o tchau, até o cumprimento derradeiro.

É o único antídoto contra a amnésia coletiva e o esvaziamento dos nossos sentidos. Pois a prisão visual leva embora junto o paladar, o olfato, a audição, o toque da pele.

Tampouco deixarei o celular em cima da mesa. Ele é hipnótico. Mesmo quando ele não toca, mesmo quando ele não tem nenhuma chamada, você vai se ver obrigado a mexer nele. Ou porque espera uma resposta, ou porque está acostumado a esperar um evento extraordinário não esperando nada.

Ninguém aguenta a coceira da imobilidade. É o silvo das sereias para o fundo do oceano da indiferença.

Colocar a tela para baixo não aquietará a sua ansiedade. Já percebi que não funciona. Os dedos se movimentam sozinhos para espiar o WhatsApp, para conferir os e-mails e as redes sociais.

É o Mãozinha da Família Addams. Aquela mão decepada que rasteja buscando objetos, independentemente de um corpo.

Não menospreze o poder da influência da manada. Não tente lutar — será uma batalha em vão, cercada de exemplos que banalizam a atitude.

É só a sua companhia usar o aparelho que se achará no direito de fazer o mesmo. E os dois estarão incomunicáveis, arremessados para suas ilhas privadas, náufragos da sensibilidade social.

Não menospreze os gatilhos do vício.

No primeiro silêncio dos outros, na primeira distração dos outros, terá um ataque de curiosidade. Você entra nele sem procurar nada em específico, e perde de vez a noção do tempo arrastando o dedo de página em página.

Manterei o celular no bolso. Sua luz não irá me guiar. Ele termina com o andamento de qualquer conversa, quebra o ritmo de qualquer encontro. Eu estou calmo e ele me traz preocupações, eu estou esperançoso e ele me traz angústias, eu estou em paz e ele me traz conflitos.

Com o celular por perto, dou a entender que meu maior interesse está fora do lugar, escondendo-me perigosamente da pessoa à minha frente...

Milagre do amor

Ricardo e Ana Sabrina eram meus colegas no Colégio de Aplicação da Universidade Federal do Rio Grande do Sul (URGS). É o único casal formado na turma que permanece junto até hoje. Já estão há mais de trinta anos casados.

Em fevereiro, soube que a sua filha mais velha, Mariana, 15 anos, sofreu um grave AVC hemorrágico. Foi levada entre a vida e a morte para a UTI do Hospital Moinhos de Vento.

Inteligente, leitora, estudiosa, cantora, tecladista, premiada em escrita criativa, dona de um sorriso generoso, encontrava-se a dois dias de começar o tão sonhado ensino médio, preparando-se para exercer no futuro a Neuropediatria (meta profissional). Aliás, o mesmo ensino médio que serviu de palco para os seus pais se conhecerem e se amarem.

Eu me conectei a Mariana. Não somente porque ela tem o nome de minha filha, não somente porque me coloquei no lugar de meus dois amigos, mas porque eu sentia o quanto ela lutava para sobreviver, dentro de seu mundo interior, naquele quarto de hospital. Não sei explicar.

Eu acabei arrastado pela oração.

Mandei um buquê de rosas com uma carta e pedi para que Ricardo e Ana lessem o que escrevi para ela. Tinha certeza de que ela me ouviria mesmo estando desacordada. Tinha convicção de que as palavras são curativas.

"Mariana!
Nossa existência é incompreensível. Então, vamos tirar proveito disso e ser ainda mais incompreensíveis. Eu a espero aqui fora para um abraço. Venha, sei que pode me escutar. Tenho que dar um spoiler da sua vida, logo para você que odeia quem antecipa finais de livros e filmes: você fará grandes realizações. Sua vida será salva para salvar pequenas vidas.

Com amor,
Fabrício Carpinejar"

Os pais leram a minha carta para ela todas as manhãs, religiosamente.

Em seguida, Mariana passou por uma delicada cirurgia para corrigir a artéria com má-formação.

Meses se seguiram com a jovem em coma, restabelecendo-se devagar, com um sono cada vez mais leve.

Em 2 de abril, Ricardo me escreve:

"Bom dia, Fabrício, Mari está sem traqueostomia, sem sonda, comendo pastinhas, falando (baixinho), evoluindo bem na fisioterapia e se lembra de absolutamente tudo, do dia do AVC, dos dias na CTI, da senha do celular.

A notícia linda é que ela não apenas se lembra da tua mensagem que eu lia pra ela, ela sabe repeti-la de cabeça.

Palavras são curativas, sim. Temos comprovação".

Mariana já caminha. Mariana já fala com desenvoltura. Na última semana, de modo surpreendente, participou da Olimpíada Brasileira de Matemática na sua Escola. Ficou três horas fazendo a prova e se classificou para a segunda etapa (somente sete alunos conseguiram a façanha). E isso que ela nem iniciou o Ensino Médio devido ao acidente.

Seu neurologista Pedro Schestatsky, autor do fundamental livro Medicina do Amanhã, partilha de igual espanto: "A Mari é uma pessoa muito especial que zombou de todas as estatísticas relacionadas à recuperação de pacientes de AVC hemorrágico com craniectomia. É nessas horas que temos certeza de que existe algo além de anatomia, fisiologia e bioquímica. Existe amor, perseverança e garra"!

Quem trouxe Mariana de volta não fui eu, mas o amor de sua família. Todos ao redor - médicos, enfermeiros, amigos - tornaram-se instrumentos da emanação do poder da ternura familiar.

O amor não faz milagres; o amor é o próprio milagre!

POEMAS AMBIENTAIS

APARECIDA NOGUEIRA LOPES
*ANIMADORA LAUDATO SÌ,
RELIGIOSA DAS IRMÃS DO
IMACULADO CORAÇÃO DE MARIA,
POETA*

O GUARDIÃO DO MEIO AMBIENTE
Sobre a "Casa comum", o menino escutou
E visando preservá-la, um plano traçou
Solicitou ao seu avô um interfone
Dando exemplo e cuidado
Contente, conscientizava as pessoas
Pelo caminho onde passava
Tratem bem a "Casa Comum", com carinho
Chegava a ficar de plantão
De tanto levar a sério a missão
Esse propósito muita gente alcançou
E a humanidade este compromisso abraçou.

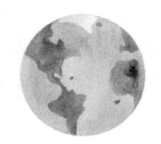

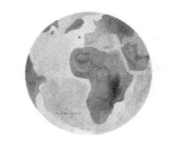

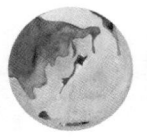

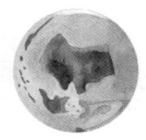

"RECADO DA ÁGUA "
Tenham consciência ambiental
Sou valioso recurso natural
Me tratem de forma positiva
Sou alimento vivo para a vida.
Sou doce água e salgada
Sou livre e armazenada
Para todos seres vivos
Preservem-me sendo assertivos.
Atendendo as necessidades
Acompanho o cotidiano
Sou substância essencial
Para a população, sou vital
Fazendo sustentabilidade
Transformando a realidade.
Assinado: Água

EU, MEIO AMBIENTE
Sonhei que eu era o meio ambiente
E precisava de ajuda urgente!
Emitia algo como gritos e clamores
Pois sentia descaso e dores
Por ajuda e socorro, supliquei
Me notem! Estou aqui: expressei!
Não aguento mais!
Cuidem dos elementos essenciais
Em mim, presentes
Por suas vidas e de seus parentes.

Foram inúmeras experiências
De maus tratos e negligências.
Quando do sonho acordei
Mudar minhas atitudes comecei
Isso contagiou o coletivo
Cuidar passou a ser nosso objetivo
Por nossa casa comum, empenhados
Para as gerações deixarmos esse legado.
Movidos por sustentabilidade e cooperação.
Pois em tudo há conexão.

PERDOE...
E SEJA FELIZ!

Me divirto com as afirmações e premonições do horóscopo. Mas, confesso que gostei que meu signo – Libra – seja um dos signos que tem mais facilidade em perdoar. Agora, cá entre nós e isso eu assino: a arte de perdoar é uma arte que muita gente não consegue exercer **(A. Hartmann)**.

Perdoar é um ato muito poderoso. A capacidade de deixar mágoas passadas para trás é uma virtude rara, mas alguns signos do zodíaco parecem ter um dom especial para perdoar e seguir em frente. Você já se perguntou se o seu signo está entre esses mestres do perdão? Vamos explorar os signos que sabem perdoar e descobrir se você é um desses seres astrológicos da compaixão!

Áries
Áries é conhecido por sua determinação e por sua energia vibrante, mas o que muitos não percebem é a capacidade dos arianos de perdoar. Eles não carregam rancor por muito tempo, preferindo focar em novos desafios e em novas aventuras. Sua natureza impulsiva é equilibrada por uma habilidade surpreendente de deixar para trás desentendimentos passados.

Libra
Libra valoriza a harmonia nas relações. Os librianos são mestres em encontrar o equilíbrio e, muitas vezes, preferem perdoar do que manter conflitos prolongados. Sua habilidade de ver todos os lados de uma situação faz com que eles sejam rápidos em compreender as motivações alheias, facilitando o ato de perdoar e seguir em frente.

Peixes
Peixes, com sua empatia natural, é um dos signos mais indulgentes do zodíaco. Eles conseguem se colocar no lugar dos outros, entendendo as razões por trás de ações negativas. Os piscianos são guiados por uma compreensão profunda de que o perdão é uma jornada pessoal para o crescimento espiritual, e, portanto, não hesitam em perdoar para encontrar paz interior.

Sagitário
Os sagitarianos, conhecidos por sua natureza otimista, preferem olhar para o futuro do que ficar presos ao passado. Sua atitude positiva os impulsiona a perdoar e esquecer rapidamente. Para os sagitarianos, guardar rancor é um fardo desnecessário

que impede a expansão de horizontes e a busca por novas experiências.

Capricórnio

Capricornianos, embora possam parecer sérios à primeira vista, são incrivelmente resilientes. Eles veem o perdão como uma estratégia sábia para superar obstáculos e manter relacionamentos sólidos. A capacidade de aprender com experiências passadas é uma força fundamental dos capricornianos, que veem o perdão como um passo vital para o crescimento pessoal.

Desenvolva a arte do perdão

Independentemente do seu signo, é importante lembrar que o perdão é uma jornada pessoal e única para cada indivíduo. Se você pertence a um dos signos mencionados ou não, cultivar a habilidade de perdoar pode trazer benefícios excelentes para a sua saúde mental e emocional.

Então, da próxima vez que você se encontrar diante de uma situação desafiadora, lembre-se de que o perdão não é apenas bom para os outros, mas também para você mesmo. Mantenha-se aberto a aprender com as experiências, libere o peso do ressentimento e permita-se crescer por meio do ato nobre de perdoar. Seja qual for o seu signo, a arte do perdão é uma jornada que vale a pena explorar! E ser feliz...

A Manjedoura Vazia

Só um conto natalino. Ou não!?

Stephanie Welcher Thompson

– Já não há mais nenhuma, disse Michael, empilhando a última caixa no átrio da minha casa.

Inspecionei as embalagens poeirentas com alguma expectativa. Estas decorações de Natal, que tinham sido guardadas depois da morte da mãe de Michael, simbolizavam, de alguma forma, o nosso futuro como casal. Tínhamos, até agora, partilhado todo o tipo de atividades típicas da quadra: festas, compras, decorações. Mas, como íamos casar dentro de alguns meses, eu queria criar algumas tradições que fossem só nossas. Algo de significativo e de único para ambos. Abrir estas caixas era o início dessa partilha.

– Olha só, o nosso velho presépio!

Exclamou Michael, abrindo uma caixa embrulhada com cuidado. - A minha mãe punha-o sempre debaixo da árvore de Natal.

Com cuidado, desembrulhei Maria, José e a manjedoura. Enfiado dentro dos jornais estava um estábulo. Coloquei-o no chão, debaixo da árvore, e dispus os três Reis Magos, um pastor, uma ovelha e uma vaquinha. Estavam todos menos…

Verifiquei de novo os pacotes e procurei debaixo dos jornais empilhados a figura que faltava. Nada.

– Não encontro o Menino Jesus, disse para Michael, que estava ocupado na sala de jantar.

Quando chegou junto de mim, repeti:

– Não encontro o Menino Jesus do presépio.

A cara de Michael ficou tensa.

– Mas ele tem de estar aqui. Estava aqui no último Natal da minha mãe.

Horas mais tarde, depois de todas as caixas terem sido abertas, continuava a faltar o Menino Jesus. Michael sugeriu que voltássemos a embrulhar o presépio.

– Não, discordei. Amanhã vou tentar encontrar um menino que condiga com o conjunto.

Despedimo-nos e Michael foi para casa.

No dia seguinte, coloquei a manjedoura na minha bolsa e fui a uma loja do ramo, na hora de almoço. Não havia nenhum Menino Jesus. Depois do trabalho, ainda procurei noutras lojas, mas nenhuma delas vendia o Menino Jesus em separado. Pensei comprar outro conjunto de figuras, mas nenhum dos meninos cabia na manjedoura do presépio de Michael.

Uns dias mais tarde, quando ele veio jantar na minha casa, contei-lhe o sucedido. Depois do jantar, comecei a arrumar as figurinhas na caixa. Michael interrompeu o meu gesto, colocando as suas mãos nas minhas.

– Penso que devemos deixá-lo como está.

– Mas não podemos ter um presépio sem Menino Jesus, retorqui.

– Vem comigo, pediu Michael.

Afastámo-nos da árvore e ele disse:

– Olha para o presépio. À primeira vista, nem sequer notamos que falta alguma coisa. Só quando olhamos com atenção vimos que não há Menino Jesus.

Inclinei a cabeça e contemplei a cena. Michael tinha razão.

– Mas ainda não percebo onde queres chegar, disse eu. E ele retrucou:

– No meio das decorações, das listas de compras e das festas, muitas vezes perdemos Jesus de vista. É como se ele se perdesse no meio do Natal.

Foi então que compreendi.

E, assim, demos início à nossa primeira tradição de Natal, uma tradição significativa e única para a nossa família. Todos os anos, quando colocamos as figuras do presépio, deixamos a manjedoura vazia.

É a forma de nos lembrarmos de Jesus não somente no Natal, mas em toda a nossa vida…

PARA ALÉM DA CURVA DA ESTRADA...

Para além da curva da estrada

Talvez haja um poço, talvez um castelo,

E talvez apenas a continuação da estrada.

Não sei nem pergunto.

Enquanto vou na estrada antes da curva,

Só olho para a estrada antes da curva,

Porque não posso ver senão a estrada antes da curva.

De nada me serviria estar olhando para outro lado

E para aquilo que não vejo.

Importemo-nos apenas com o lugar onde estamos.

Há beleza bastante em estar aqui e não noutra parte qualquer.

Se há alguém para além da curva da estrada,

Esses que se preocupem com o que há para além da curva da estrada.

Essa é que é a estrada para eles.

Se nós tivermos que chegar lá, quando lá chegarmos saberemos.

Por ora só sabemos que lá não estamos.

Aqui há só a estrada antes da curva e, antes da curva,

Há a estrada sem curva nenhuma...

ALBERTO CAEIRO
IN: POEMAS INCONJUNTOS
(ED. FERNANDO CABRAL MARTINS, RICHARD ZENITH, 2001)

VERSEJANDO ENCHENTES

Aparecida Nogueira Lopes
*Animadora Laudato Sì,
Religiosa das Irmãs do Imaculado
Coração de Maria, poeta*

Seguir em frente
Minha casa era um encanto
Agora é um cenário de espanto
Mas com fé vou seguir em frente
Confio em Deus que cuida da gente.

Voluntário
Diante deste desolador cenário
Senti-me chamado a ser voluntário
Para que sejam bem assistidos
Os que aqui estão sendo acolhidos.

Doar meu tempo, afeto e cuidados
Para os que estão desabrigados
Aqui tem muita solidariedade
Para aliviar essa triste realidade.

Gratidão
Gratidão a todos os voluntários
Por serem cuidadosos e solidários
Obrigada pela compaixão e empatia
Sem vocês como seriam nossos dias?

Dor
Não acredito! Dói muito em mim
Minha cidade não era assim
Passa um filme na memória
Do local – palco da minha história

Prece!
Papai do Céu! Escuta os lamentos,
Alivia as dores, os sofrimentos
São tantas as necessidades
Dos que estão passando dificuldades

Vieram nos buscar
Nunca vi tanta água na vida
Aliás, ninguém aqui, até minha bisa
Vamos ter que ir embora
Vieram nos buscar, vamos agora

O resgate
Meu irmãozinho olhando as enchentes
E nos vendo separar alguns pertences
Estava assustado e começou a chorar
Eu disse: - os heróis já vêm nos resgatar.

E chorou
Enquanto estava em cima do telhado
Observou o que estava sendo levado:
Bens, projetos, planos, sonhos
E chorou, tristonho...

Meu sorriso vai voltar
Aqui tudo é devastador
O cenário é assustador
Ser forte e lutar é preciso
Para voltar o meu sorriso.

Devastação
Parecem rios, mas são ruas
Desesperou-se com as agruras
presentes na vida da população
Diante da devastação...

Diálogo
- Saudade de como era o centro,
Chega a dar uma dor por dentro.
- O centro vai ser como antes
E alegrará o seu semblante.

Heróis de verdade
Vocês são heróis de verdade
Nos ajudaram nessa calamidade
Nós sempre lembraremos
E por vocês rezaremos!

Nada, nada
Estou muito abalada
Não deu para salvar nada, nada
Para onde seremos levados
Após sermos resgatados?

Pesadelo?
Hoje cedo saí e fui trabalhar
Na volta ... sem família, casa, lar
Espero ser pesadelo, não realidade
as catástrofes e calamidades.

Livro
Gosto de ler e ganhei um livro
Doaram vários para o abrigo
Já estou quase finalizando-o
É o décimo que leio este ano.

"Guardião do meio ambiente"
Escutei uma canção
Que se tornou inspiração:
"Guardião do meio ambiente"
Por isso sou mais consciente!

Dia das Mães
Seu Dia das Mães está
   sendo num abrigo
Mas tenho uma surpresa aqui comigo
Eu comprei e trouxe o seu presente
Não deixei ele ir embora na enchente.

Reconstrução
Eu vim de outro estado
Confesso que fiquei assustado
Ao me deparar
   com tamanha destruição
Contem comigo para a reconstrução!

Tristeza!
Estamos firmes aqui na limpeza
Com muita desolação e tristeza
Todos os pertences da família
Viraram lixo com a mobília!

Orações
Que sejam fortalecidos
Todos que estão abatidos
Estas são as minhas intenções
Nos meus momentos de orações

O parquinho
Nossa!... O parquinho virou lama
Cadê a pracinha, a grama...
Quando vou voltar a brincar
E me divertir neste lugar?

Desolador
Era inimaginável essa situação
O cenário é de muita destruição
É desolador o que avisto
Nem em filme eu já tinha visto.

Solidariedade
Em minhas orações
Agradeço por todas as doações
A cooperação e solidariedade
Ajudam a superar as dificuldades

Enchentes
Pai, que saudade da nossa rotina!
Nós somos refugiados do clima?
Após as tragédias das enchentes
Mudou muito a vida da gente...

OUTRO MUNDO POSSÍVEL

Amar a Mãe-Terra é construir um mundo de chances iguais para todos, sem distinção

RIA... (SE CONSEGUIR)

- Doutor, como eu faço para emagrecer?
- Basta a senhora mover a cabeça da esquerda para a direita e da direita para a esquerda.
- Quantas vezes, doutor?
- Todas as vezes que lhe oferecerem comida.

Dois amigos se encontram depois de muitos anos.
- Casei, separei e já fizemos a partilha dos bens.
- E as crianças?
- O juiz decidiu que ficariam com aquele que mais bens recebeu.
- Então ficaram com a mãe?
- Não, ficaram com nosso advogado.

- Eu saí do meu trabalho. Não conseguiria continuar lá depois do que o meu chefe disse...
- O que ele disse?
- Você está despedido.

O condenado à morte esperava a hora da execução, quando chegou o padre:
- Meu filho, vim trazer a palavra de Deus para você.
- Perda de tempo, seu padre. Daqui a pouco vou falar com Ele, pessoalmente. Algum recado?

Um rapaz chegou num velório e a primeira coisa que perguntou foi:
– Qual é a senha do Wi-Fi?
Um parente incomodado disse:
– Respeite o falecido!
E ele perguntou:
– É tudo junto?

Aluno de Direito ao fazer prova oral:
- O que é uma fraude?
- É o que o senhor professor está fazendo - responde o aluno.
O professor fica indignado: ora essa, explique-se.
Então diz o aluno: segundo o Código Penal, 'comete fraude todo aquele que se aproveita da ignorância do outro para o prejudicar'.

O pai pergunta à filha:
- Filha, você acha que sua professora desconfia que eu estou te ajudando a fazer a lição de casa?
- Acho que sim, pai. Ela até já me disse que você deveria voltar para escola!

FÉ E POLÍTICA,
"CARA E COROA" DA MESMA MOEDA

Francisco de Aquino Júnior
Presbítero da Diocese de Limoeiro do Norte/CE; professor de teologia da Faculdade Católica de Fortaleza (FCF) e da Universidade Católica de Pernambuco (UNICAP)

O 12º Encontro Nacional de Fé e Política (Belo Horizonte, 05 a 07/04/2024) teve como tema: Espiritualidade libertadora: encantar a política com arte, cultura e democracia. O encontro foi promovido pelo Movimento Nacional de Fé e Política que mobiliza e congrega pessoas de diferentes tradições religiosas engajadas em movimentos e organizações sociais, partidos políticos e mandatos populares. E propicia um espaço privilegiado de reflexão, oração e mobilização em torno da dimensão sociopolítica da fé e da dimensão ético-espiritual da política.

A política tem uma dimensão ético-espiritual fundamental e irrenunciável. Seja tomada no sentido amplo de relação social (sociedade) ou no sentido mais específico de organização da sociedade (Estado) ou no sentido ainda mais restrito de gestão do Estado (governo), a política implica sempre opções e decisões que respondem a interesses e têm consequências socioambientais. Não é um fato meramente natural ou instintivo. É um fato moral porque implica razão, liberdade, vontade, opção, decisão. E um fato moral fundamental porque é constitutivo e determinante da vida humana. Não se pode prescindir da política nem se pode naturalizar as decisões políticas. E aqui entra a dimensão ético-espiritual da política que tem a ver com os valores, interesses, critérios e consequências implicados na ação política. Ela tem um aspecto crítico que pergunta pela legitimidade de uma opção ou projeto político concreto. E tem um aspecto criativo que orienta a construção de projetos políticos voltados para o bem comum e a justiça social.

E a fé, por sua vez, tem uma dimensão sociopolítica fundamental e irrenunciável. Crer em Deus é fazer a vida de acordo com a vontade de Deus. Isso abrange todos os âmbitos da vida: pessoal, familiar, social, político, econômico, cultural, religioso etc. Nada é estranho à fé. Mas atenção: a fé não se identifica com os interesses, as convicções e as práticas das pessoas religiosas que, muitas vezes, são contrárias à fé que professam. Para os cristãos, a vontade de Deus se manifesta na vida de Jesus Cristo, isto é, no anúncio e na prática do reinado de Deus que é um reinado de fraternidade, justiça e paz.

Levar a sério a dimensão sociopolítica da fé cristã significa ou implica colaborar na construção, organização e gestão da sociedade em função da fraternidade, da justiça e da paz, sempre a partir e em função das necessidades e dos direitos dos pobres e marginalizados. Isso se dá tanto na denúncia profética de projetos políticos que atentam contra a dignidade humana e o conjunto da criação, quanto no fortalecimento de processos sociais de conquista e garantia de direitos humanos e cuidado da casa comum.

O desafio aqui não é opor fé e política como se não tivesse nada a ver uma com a outra nem instrumentalizar a fé por interesses políticos ou a política por interesses de grupos ou lideranças religiosas. As religiões em geral e, concretamente, as igrejas cristãs têm muito a contribuir com a política: criando comunidades e vivendo a fraternidade; cultivando e difundindo valores e práticas ético-espirituais; denunciando as injustiças socioambientais; apoiando e promovendo as lutas dos pobres e marginalizados por seus direitos; fortalecendo processos sociais que favoreçam e promovam o bem comum, a justiça social, a paz e o cuidado da casa comum. Mas as Igrejas não são partidos políticos. Não compete a elas indicar candidatos, organizar bancadas no parlamento nem elaborar projetos políticos. Sem falar que, numa sociedade plural como a nossa, as religiões não são a única fonte de valores nem a única referência ético-espiritual das pessoas. Isso exige abertura, diálogo, discernimento, cooperação e busca conjunta de caminhos possíveis de convivência fraterna e organização da sociedade segundo o direito e a justiça.

Em sua exortação *A Alegria do Evangelho*, o Papa Francisco insiste muito na "dimensão social da evangelização", destacando "as repercussões sociais do querigma" (coração do anúncio evangélico), "a inclusão social dos pobres", "o bem comum e a paz social" e "o diálogo social como contribuição para a paz". E em sua encíclica *Todos Irmãos* sobre a fraternidade e amizade social, afirma que as religiões "oferecem uma preciosa contribuição para a construção da fraternidade e para a defesa da justiça na sociedade". E insiste no desafio de retornarmos às "fontes" de nossa fé e "nos concentrarmos no essencial: a adoração a Deus e o amor ao próximo, para que alguns aspectos da doutrina não acabem por alimentar formas de desprezo, ódio, xenofobia, negação do outro".

AMADA MÃE DE TODOS OS SERES

THICH NHAT HANH
MONGE BUDISTA, ESCRITOR E POETA VIETNAMITA

Querida Mãe Terra,

Curvo a minha cabeça diante de ti, enquanto olho profundamente, e reconheço que estás presente em mim, e que eu sou parte de ti.

Eu nasci de ti e estás sempre presente, oferecendo-me tudo o que preciso para a minha nutrição e crescimento. A minha mãe, o meu pai e todos os meus antepassados também são teus filhos.

Respiramos o teu ar fresco. Bebemos a tua água límpida. Comemos a tua comida nutritiva. As tuas ervas curam-nos quando estamos doentes.

És a Mãe de todos os Seres.

Eu chamo-te pelo nome humano de "Mãe" e, no entanto, sei que a tua natureza maternal é bastante mais vasta e antiga do que a humanidade. Somos apenas uma jovem espécie, de entre os teus muitos filhos. Todos os milhões de outras espécies que vivem - ou que viveram na Terra - também são teus filhos.

Tu não és uma pessoa, mas eu sei que não és menos do que uma pessoa. És um ser vivo que respira, na forma de um planeta.

Cada espécie tem a sua própria língua, e ainda assim, como nossa Mãe, consegues compreender-nos a todos. É por isso que me podes ouvir hoje, enquanto abro o meu coração para ti, e te ofereço a minha oração.

Querida Mãe Terra, onde quer que haja solo, água, pedra ou ar, tu estás aí, nutrindo-me e dando-me a vida. Estás presente em todas as células do meu corpo. O meu corpo físico é o teu corpo físico, e assim como o Sol e as Estrelas estão presentes em ti, eles também estão presentes em mim.

Tu não estás fora de mim e não estou fora de ti. Tu és muito mais do que apenas o meu ambiente.

Eu prometo manter viva a consciência de que estás sempre em mim, e que eu estou sempre em ti. Eu prometo estar consciente de que a tua saúde e bem-estar, são a minha própria saúde e o meu bem-estar. Eu sei que preciso manter esta consciência viva em mim, para que nós dois possamos ser pacíficos, felizes, saudáveis e fortes.

Por vezes eu esqueço.

Perdido nas confusões e preocupações do cotidiano, eu esqueço que o meu corpo é o teu corpo, e às vezes até me esqueço completamente que tenho um corpo. Ignorando a presença do meu corpo, e do lindo planeta ao meu redor, e dentro de mim, sou incapaz de apreciar e celebrar o precioso presente da vida que me destes.

Querida Mãe Terra, o meu desejo profundo é despertar para o milagre da vida. Eu prometo treinar-me para estar presente para mim, para a minha vida, e para ti em cada momento.

Eu sei que minha presença verdadeira é o melhor presente que te posso oferecer, a ti, Mãe Terra, aquela que eu tanto amo!

Traduzido de: Love letters to Mother Earth

PAPA FRANCISCO E O MEIO AMBIENTE

Aqui oferecemos aos leitores do Livro da Família cinco recomendações do Papa Francisco sobre nossa relação com o meio ambiente. Estas recomendações aparecem em detalhe na Carta Encíclica Laudato Sì (LS).

1- Proteger nossa casa comum é proteger a nós mesmos

O urgente desafio de proteger a nossa casa comum inclui a preocupação de unir toda a família humana na busca de um desenvolvimento sustentável e integral, pois sabemos que as coisas podem mudar. O Criador não nos abandona, nunca recua no seu projeto de amor, nem se arrepende de nos ter criado. A humanidade possui ainda a capacidade de colaborar na construção da nossa casa comum (LS, n. 13).

Tudo está interligado. Por isso, exige-se uma preocupação pelo meio ambiente, unida ao amor sincero pelos seres humanos e a um compromisso constante com os problemas da sociedade (LS, n. 91).

2- Precisamos de nova solidariedade universal

São necessários os talentos e o envolvimento de todos para reparar o dano causado pelos humanos sobre a criação de Deus. Todos podemos colaborar, como instrumentos de Deus, no cuidado da criação, cada um a partir da sua cultura, experiência, iniciativas e capacidades (LS, n. 14).

Há esperança. Todos podemos colaborar, cada um com a própria cultura e experiência, cada um com as próprias iniciativas e capacidades, para que a nossa mãe terra retorne à sua beleza original e a criação volte a brilhar novamente segundo o plano de Deus.

3- A conversão ecológica, uma necessidade para um outro mundo possível

A destruição do ambiente humano é um fato muito grave, porque, por um lado, Deus confiou o mundo ao ser humano e, por outro, a própria vida humana é um dom que deve ser protegido de várias formas de degradação. Toda a pretensão de cuidar e melhorar o mundo requer mudanças profundas nos estilos de vida, nos modelos de produção e de consumo, nas estruturas consolidadas de poder, que hoje regem as sociedades. O progresso humano autêntico possui um caráter moral e pressupõe o pleno respeito pela pessoa humana, mas deve prestar atenção também ao mundo natural e ter em conta a natureza de cada ser e as ligações mútuas entre todos, num sistema ordenado. Assim, a capacidade do ser humano transformar a realidade deve desenvolver-se com base na doação originária das coisas por parte de Deus (LS, n. 5).

A conversão ecológica comporta deixar emergir, nas relações com o mundo que os rodeia, todas as consequências do encontro com Jesus. Viver a vocação de guardiões da obra de Deus não é algo opcional nem um aspecto secundário da experiência cristã, mas parte essencial duma existência virtuosa (LS, n. 217).

4- Formação das consciências

A educação ambiental tem vindo a ampliar os seus objetivos. Se, no começo, estava muito centrada na informação científica e na consciencialização e prevenção dos riscos ambientais, agora tende a incluir uma crítica dos 'mitos' da modernidade baseados na razão instrumental (individualismo, progresso ilimitado, concorrência, consumismo, mercado sem regras) e tende também a recuperar os distintos níveis de equilíbrio ecológico: o interior consigo mesmo, o solidário com os outros, o natural com todos os seres vivos, o espiritual com Deus. A educação ambiental deveria predispor-nos para dar este salto para o Mistério, do qual uma ética ecológica recebe o seu sentido mais profundo. Além disso, há educadores capazes de reordenar os itinerários pedagógicos duma ética ecológica, de modo que ajudem efetivamente a crescer na solidariedade, na responsabilidade e no cuidado assente na compaixão (LS, n. 210).

Compete à política e às várias associações um esforço de formação das consciências da população. Naturalmente, compete também à Igreja. Todas as comunidades cristãs têm um papel importante a desempenhar nesta educação. Espero também que, nos nossos Seminários e Casas Religiosas de Formação, se eduque para uma austeridade responsável, a grata contemplação do mundo, o cuidado da fragilidade dos pobres e do meio ambiente (LS, n. 214).

5- Pecado contra a natureza é pecado contra Deus

A violência, que está no coração humano ferido pelo pecado, vislumbra-se nos sintomas de doença que notamos no solo, na água, no ar e nos seres vivos. Por isso, entre os pobres mais abandonados e maltratados, conta-se a nossa terra oprimida e devastada, que geme e sofre as dores do parto (Rm 8, 22). Esquecemo-nos de que nós mesmos somos terra (cf. Gn 2, 7). O nosso corpo é constituído pelos elementos do planeta; o seu ar permite-nos respirar e a sua água vivifica-nos e restaura-nos (LS, n. 2).

Quando os seres humanos destroem a biodiversidade na criação de Deus; quando os seres humanos comprometem a integridade da terra e contribuem para a mudança climática, desnudando a terra das suas florestas naturais ou destruindo as suas zonas úmidas; quando os seres humanos contaminam as águas, o solo, o ar... Tudo isso é pecado... Porque um crime contra a natureza é um crime contra nós mesmos e um pecado contra Deus (LS, n. 8).

A existência humana se baseia sobre três relações fundamentais intimamente ligadas: as relações com Deus, com o próximo e com a terra. Segundo a Bíblia, essas três relações vitais romperam-se não só exteriormente, mas também dentro de nós. Esta ruptura é o pecado. A harmonia entre o Criador, a humanidade e toda a criação foi destruída por termos pretendido ocupar o lugar de Deus, recusando reconhecer-nos como criaturas limitadas (LS, n. 66).

A PEDAGOGIA INACIANA:
FUNDAMENTOS, SENTIDOS E ATUALIDADE

Ana Maria B. Loureiro
*Doutora em Educação,
Assessora Pedagógica da Rede
Jesuíta de Educação Básica*

A Pedagogia Inaciana, inspirada nos princípios educativos da Companhia de Jesus, que brotam dos Exercícios Espirituais de Santo Inácio de Loyola, não se reduz a um método, antes é um enfoque que pressupõe uma visão particular ou concepção de Deus, do ser humano e do mundo. Nesse sentido, pode-se dizer que a Pedagogia Inaciana se traduz no 'modo de proceder' educativo da Companhia de Jesus.

Publicado em 1986, o documento inspirador, 'Características da Educação da Companhia de Jesus' apresenta a conexão entre a espiritualidade inaciana e a necessária resposta educativa da Companhia de Jesus àqueles tempos, cuja centralidade é a pessoa de Jesus Cristo como modelo de vida. Outros conceitos também foram apresentados nesse documento como o discernimento, o magis, a dimensão social, além da perspectiva e descrição da comunidade educativa.

Em 1993, em resposta à necessidade de elaborar uma estratégia pedagógica que apresentasse uma aplicabilidade desses conceitos, um modelo prático na perspectiva da educação inaciana, foi publicado 'Pedagogia Inaciana: uma proposta prática', que delineia os processos de aprendizagem que transcendem a mera transmissão de conhecimentos, visando à formação integral dos educandos.

Como parte fundamental do documento, o Paradigma Pedagógico Inaciano pauta-se na relação professor-aluno e no inter-relacionamento contínuo da experiência, da reflexão e da ação. Somam-se a essa tríade o contexto em que se dá a experiência em toda a sua complexidade e diversidade, e a avaliação constante do processo educativo.

Contudo, é importante salientar que o Paradigma Pedagógico Inaciano não se constitui em uma receita didática, mas em um modo de organizar toda a ação educativa que está fundamentada em princípios que refletem a visão holística e humanizadora da educação, e se destaca por sua ênfase na formação integral da pessoa, aliando a excelência acadêmica ao desenvolvimento pleno também nas dimensões ética e espiritual.

Dessa forma, reconhece-se a singularidade de cada indivíduo e valorizam-se suas potencialidades como ponto de partida para o processo educativo. E o educador inaciano passa a assumir o papel de facilitador que promove um ambiente de aprendizagem que estimula o diálogo, a reflexão crítica e o desenvolvimento integral do aluno, formando cidadãos conscientes, competentes, comprometidos com valores como a solidariedade, a justiça social e o respeito à diversidade, que o levam a uma ação efetiva de transformação da sociedade voltada ao bem comum.

Uma característica marcante desse paradigma pedagógico é sua abordagem reflexiva e adaptativa. O Paradigma Pedagógico Inaciano tem sua aplicabilidade não somente no ambiente escolar específico, mas também e principalmente em projetos de formação de educadores, comprometidos com uma educação de qualidade e com a promoção da justiça.

Dentre os objetivos da Pedagogia Inaciana, destaca-se o aspecto formativo dos estudantes. Que pessoas se quer formar nas instituições educativas da Companhia de Jesus? Alguns aspectos podem ser apontados, tais como:

- O desenvolvimento pessoal que envolve reflexão constante e profunda, o que possibilita uma busca pelo sentido mais profundo do propósito e significado na vida.
- Crescimento Espiritual: a Pedagogia Inaciana reconhece a importância da dimensão espiritual na formação dos estudantes.
- Responsabilidade pessoal na qual os estudantes são incentivados a assumir e tomar decisões éticas e a agir de acordo com elas.
- Líderes de serviço: a Pedagogia Inaciana enfatiza a importância do serviço desinteressado aos demais. É imprescindível preparar os estudantes a tornarem-se líderes comprometidos com o serviço aos outros e com a promoção do bem comum, capacitando-os a serem agentes de mudança positiva na sociedade.

Mantendo-se atualizada e relevante, a Pedagogia Inaciana, por seu caráter eclético, dialoga de forma eficaz com as atuais teorias educacionais diante dos desafios do mundo contemporâneo em constante transformação.

Sem dúvida, pode-se afirmar que a Pedagogia Inaciana é exigente, atual e dinâmica, e nos interpela e desafia diante do hoje e do amanhã. Contempla-se, dessa forma, as diversas dimensões da Pedagogia Inaciana nas quais, além da competência acadêmica, resgata-se em toda a comunidade educativa o sentido da transcendência do ser humano, tornando possível ter esperança em um futuro melhor, em uma sociedade justa, sustentável e fraterna.

Para aprofundar:

KLEIN, Luiz Fernando (org.). *Educação Jesuíta e Pedagogia Inaciana*. São Paulo, Edições Loyola, 2015.

Colégios Jesuítas: Uma Tradição Viva no século XXI – Um exercício contínuo de Discernimento. ICAJE, Roma: 2019.

PEDAGOGIA INACIANA: Uma proposta prática. [S. l.]: Centro Virtual de Pedagogia Ignaciana, 1993.

Pedagogia Inaciana e Pacto Educativo Global

Escola Padre Arrupe: aprender desde o território

Danieli Trigueiro
Mestra em Educação.
Diretora Acadêmica da Escola Padre Arrupe
Fernando Guidini
Doutor em Educação.
Diretor da Rede Jesuíta de Educação Básica

A Rede Jesuíta de Educação está comprometida com os convites do Pacto Educativo Global (PEG) proposto pelo Papa Francisco. Desde o lançamento do Pacto, a nossa Rede foi sensibilizando lideranças e educadores, docentes e não docentes, para o compromisso de juntos nos unirmos nessa grande aldeia global que educa para um futuro cada vez mais esperançoso.

Passados alguns anos, podemos afirmar que inúmeros são os projetos implantados desde o lançamento do Pacto Educativo Global em nossa rede, com evidências de aprendizagem. Em um de seus convites, o Pacto nos motivava a propor aprendizagens a partir da realidade local. Na prática, qual é o significado dessa motivação? Como isso é possível?

Neste relato e em diálogo com os leitores do Livro da Família, poderíamos descrever experiências em curso do sul ao nordeste do Brasil. Porém, optamos por partilhar com vocês a realidade e o projeto de uma de nossas Escolas: a Escola Padre Arrupe, que está situada na periferia da cidade de Teresina, Estado do Piauí, Brasil, com um índice preocupante de violência, com famílias em situação de pobreza e extrema pobreza e sem acesso adequado a serviços essenciais para uma melhor qualidade de vida. Nesse contexto, atendemos pedagogicamente 512 crianças de 03 a 11 anos de idade, além do acolhimento às famílias e à comunidade local.

Nasce dessa realidade uma escola Jesuíta que é um espaço de formação humana, com ações de solidariedade que promovem rupturas positivas, reconhecendo o seu papel institucional e social com profissionalismo e comprometido com a justiça.

Nessa Escola, o Pacto Educativo Global (PEG) gerou compromissos com a criação de espaços de escuta, diálogo e reconciliação tanto para colaboradores quanto para educandos, por meio do Comitê de Mediação de Conflitos e do Protocolo para uma Cultura de Paz, reforçando um currículo evangelizador que contribui na formação de sujeitos capazes de encontrar caminhos solidários e justos na sua interação com o mundo.

Além disso, a Escola Padre Arrupe vive em constante movimento na busca por compreender o seu contexto e se reconhecer como espaço que dialoga com o mundo, educando para um humanismo mais solidário. Iluminada pelo PEG, o cuidado com a criação deixa de ser uma atividade isolada e pontual, para ser um elemento inspirador e cultural das práticas cotidianas institucionais, de modo que isso prepare os educandos a serem agentes com consciência socioambiental na sua família e sociedade, favorecendo a transformação social a partir das suas relações com os outros e com a Casa Comum. Nesse sentido, o Projeto Veredas é uma das práticas que muito nos orgulha, fazendo da Escola Padre Arrupe um dos agentes que, junto à Secretaria Municipal de Meio Ambiente de Teresina, contribui em ações para arborização do Bairro Porto Alegre, local onde se situa a Escola.

Junto ao PEG, a Companhia de Jesus elegeu como uma das Preferências Apostólicas Universais (PAUs), o caminhar com os pobres, descartados do mundo, vulneráveis em sua dignidade, numa missão de reconciliação e justiça. Traduzir esta preferência para nosso contexto e propor aprendizagens desde o território, significa garantir uma educação que faça o sujeito oprimido e empobrecido produzir as ferramentas para superar essa lógica violenta, desigual e opressora que o atinge, refletindo sobre os melhores caminhos para colaborar na criação de relações justas e fraternas, consigo, com o outro e com a criação.

Desde o lugar onde você vive, como o PEG proposto pelo Papa Francisco lhe motiva a fazer algo a mais para um futuro cheio de esperança? Quais são os caminhos possíveis? Que boas práticas existem em sua comunidade ou escola? Esperamos que esse relato de experiência aponte caminhos ao demonstrar que simples ações, quando mediatizadas pela educação, congregam comunidades em atitudes transformadoras para toda a vida.

Um mundo mais justo e igualitário é possível

De uma entrevista com Rudá Ricci, cientista político

Atualmente, o mundo vive um período em que o pensamento reacionário voltou a avançar em diversos países. Por outro lado, aumentam os conflitos no mundo. Grande parte das nações está dividida entre pessoas de pensamento progressista e pessoas com ideais conservadores ou reacionários.

Estamos vivenciando um capitalismo cada vez mais predador, em diversos países do mundo, com a retirada de diversos direitos conquistados pelos trabalhadores e o achatamento de seus salários. A devastação do meio ambiente afeta diretamente a qualidade de vida de toda a população mundial. Estamos tendo estações climáticas com extremos onde os verões estão cada vez mais quentes e os invernos mais frios. As chuvas estão completamente irregulares. A população mundial cresce e o meio ambiente sofre as consequências desse crescimento com mais lixo e ataques a camada de ozônio, além dos agrotóxicos, mineração, queimadas e derrubadas de árvores.

Mas será que existe a possibilidade de o ser humano reverter toda essa situação? Ou chegaremos em um ponto de degradação em que será impossível a vida na terra? A humanidade está em uma jornada de evolução natural e conseguirá se perpetuar como uma espécie mais equilibrada, consciente e justa ou estamos caminhando para o aumento da desigualdade e para a extinção do ser humano?

Para onde caminha a sociedade capitalista?

R. Ricci - O que nós vamos ter é uma exclusão, um individualismo cada vez maior, e, de certa maneira, uma solidão em relação à tentativa de cada um de nós poder se sobressair e ter uma vida melhor. O que eu posso dizer é que o espírito coletivo, a não ser de uma massa muito agressiva e revoltada, mas o espírito solidário, nesse início do século, vem se debelando. Vem se enfraquecendo. E com isso fica mais fácil as grandes corporações conseguirem comandar a vida da gente. A gente está cada vez mais vulnerável e o pensamento solidário é cada vez menos empolgante.

Além disso, nós temos que entender que nós passamos, recentemente, por um período de grande abalo em relação à própria existência, à segurança na vida e ao futuro, que foi a pandemia no mundo todo. Isso é o que nós temos que ter em mente no mundo em que aumentam as doenças mentais, psicológicas, ansiedade, depressão e que tomam o lugar das doenças mais físicas e relacionadas ao esforço físico.

É possível um mundo mais justo no século XXI?

R. Ricci - É evidente que um mundo mais justo e igualitário é possível. Nós já tivemos muitas experiências mundiais, embora não majoritárias, não hegemônicas, que indicaram essa possibilidade.

A utopia é o que move o ser humano. Há muitos estudos que revelam, inclusive arqueológicos, que a superação de pequenos agrupamentos de humanos, superando 150 indivíduos para ir a milhares, se deu a partir, justamente, de rituais que se aproximaram da religião. De um pensamento transmaterial, vamos dizer assim. Mais abstrato. Definido por valores. E aí as pessoas começaram a se agregar e é daí que vai surgir a agricultura. E não o inverso. Não é a agricultura que agrega, mas a utopia.

Então a utopia move os seres humanos. O problema é qual é a utopia a ser construída de uma sociedade mais justa e mais equilibrada, na relação inclusive com o meio ambiente, no século 21. É um século que começa muito atabalhoado com guerras, mudanças de eixo geopolítico, com pandemia, ou seja, com muita insegurança, mudanças tecnológicas profundas, com muita insegurança em relação ao futuro.

E como é que você estabelece um pensamento utópico de justiça, igualdade, a partir de um cenário tão demolidor como esse que a gente está vivendo? É importante entender que a utopia é mais promessa (esperança) do que realidade, mas tem que ter alguma base na realidade, um pé na realidade, para que seja factível. E aí convencer as pessoas para se envolverem com o pensamento utópico. Foi assim que as grandes religiões se fundamentaram. O budismo, o cristianismo, o islamismo. Todas essas bases religiosas têm um pé na realidade e projetam um futuro não existente. Esse é o nosso dilema. Como num mundo tão fragmentado e conturbado, a gente consegue achar alguma pista para construir uma utopia que seja agregadora, não é?

E como você vê a devastação do meio ambiente?

R. Ricci - Aqui eu sou mais pessimista. Quando eu vejo forças de esquerda defenderem a ideia de progresso a qualquer custo, por exemplo, defendendo internacionalmente a ideia de que nós temos que diminuir a dependência do petróleo como matriz energética e, em seguida, colocar recursos do próprio governo para aumentar a produção de petróleo, quando eu vejo isso, fica meio evidente que nós estamos caminhando muito aceleradamente para aquele ponto que não tem volta. Em relação ao aquecimento global, eu acho que nós estamos fadados a entrar num mundo cada vez mais inóspito do ponto de vista da estabilidade e da relação pacífica do ser humano com a natureza.

Nós vamos ter nossos netos, nas próximas gerações, com menos condições de uma vida saudável e segura, do ponto de vista da natureza, do que nós. Nós brincamos demais. Os nossos pais, os nossos avós. Essas três gerações. Brincamos demais com a natureza. Brincamos de ser deuses e eu acho que dificilmente nós vamos ter volta...

Finalmente, as guerras no mundo têm a ver com o avanço do ódio?

R. Ricci - O que nós estamos vivendo agora em termos de ciclo de guerra não tem a ver com a espécie humana, não é um problema ontológico. Senão a gente voltaria para a discussão da essência humana: se somos bons ou somos maus. E, na verdade, eu fico com Sartre que dizia que o ser humano não tem essência. O ser humano tem existência. Como ele é inteligente, ele define a sua essência. Nós somos responsáveis por sermos bons ou por sermos maus. É uma escolha individual.

Bom, o fato é que as guerras que estão ocorrendo têm relação com a mudança do eixo do império. Toda vez que aconteceu isso, quando um império deixava de existir e outro estava emergindo, nós tivemos um ciclo de guerra. Mais recentemente tivemos a primeira e a segunda guerras mundiais, que foram precedidas pela crise de onze impérios que existiam no mundo. Império Austro-Húngaro, Império Otomano e vários outros. E esses impérios, Império Britânico, do Reino Unido, foram substituídos, num ciclo longo de primeira e segunda guerras mundiais, pelo Império Norte-Americano e pela União Soviética, que dividiram o mundo.

Nesse momento, nós estamos vendo a decadência do império Norte-Americano e eles estão fazendo o possível para investir em guerra para se segurar e ter acesso a recursos naturais que eles não precisam. E, do outro lado, a emergência da China. Então o mundo está mudando o polo da hegemonia geopolítica e aí afloram guerras. E, possivelmente, nós teremos outras em que os Estados Unidos vão estar envolvidos e, meio que a espreita ou envolvidas diretamente, a Rússia e a China. É uma disputa pelo controle do planeta...

SOLIDARIEDADE EM AÇÃO: O COMPROMISSO DA COMUNIDADE ANCHIETANA DIANTE DA CATÁSTROFE

**Marcela Brandt Costabeber,
Ana Luiza Szevcynski Del Mestre, Dijair Maria**
Setor de Comunicação e Marketing do Colégio Anchieta

A comunidade do Colégio Anchieta se levanta em solidariedade diante das adversidades que assolam sua cidade e região. No mês de maio, o Rio Grande do Sul enfrentou uma das mais significativas catástrofes de sua história, deixando marcas permanentes não apenas na paisagem, mas também nos corações dos gaúchos. Em Porto Alegre e Região Metropolitana, viveu-se um déjà-vu com a enchente que superou a grande inundação de 1941 e desde os primeiros momentos, jesuítas, estudantes, familiares, funcionários, professores, antigos alunos e escoteiros manifestaram um ímpeto inabalável em oferecer auxílio aos necessitados.

Acolhimento no Morro do Sabiá

Em uma resposta imediata e proativa que refletiu os princípios fundamentais do Anchieta, enraizados na tradição educativa jesuíta, o espaço de convivência do Morro do Sabiá foi ofertado à Defesa Civil logo no início dos resgastes dos desabrigados em consequência da enchente. "Rapidamente percebemos que podíamos ajudar e essa ajuda foi articulada com a Associação de Pais e Mestres (APM), escoteiros, antigos alunos e com a participação de estudantes", conta Dário Schneider, Diretor Acadêmico do Colégio Anchieta.

Foi no dia 04 de maio, um sábado, que a comunidade educativa se prontificou a receber cerca dezenas de pessoas no Morro do Sabiá, atendendo suas diversas necessidades e respeitando as suas dignidades. Foram acolhidos moradores do bairro Humaitá, localizado na zona norte da capital, um dos mais impactados pela enchente. Entre eles, pessoas assistidas pelo Centro Social Vila Farrapos, mantido desde 2010 pela Fundação Fé e Alegria, e completamente inundado durante a tragédia climática.

"Posso dizer, como antigo aluno, que nunca tinha visto a comunidade anchietana se mobilizar tão rapidamente", relata o integrante da Associação dos Antigos Alunos do

Anchieta (4A), Gabriel Telles, que dividiu sua rotina de estudante universitário com ações diárias no Morro do Sabiá. Em pouco tempo, o campus da zona sul, que geralmente recebe a comunidade para atividades pedagógicas e de confraternização, se consolidou como um espaço de convivência entre voluntários e acolhidos, assim possibilitando o compartilhamento de histórias e o fortalecimento mútuo. "Todos os dias chegam novos desafios que precisamos aprender a lidar" assinala Schneider.

Enquanto isso, os pontos de coleta distribuídos pelo Colégio já estavam em pleno funcionamento, recebendo doações de agasalhos, alimentos e outros itens essenciais. "A APM coordenou um movimento que exigiu compasso no pensar, sentir e agir", conta Débora Muletaler Scheler, presidente da Associação de Pais e Mestres (APM). Esses recursos, cuidadosamente triados com grande ajuda do Grêmio Estudantil Anchieta (GEA), foram direcionados tanto para os necessitados do abrigo quanto para os membros da comunidade interna afetados pelo desastre climático.

O senso de pertencimento e a formação integral, valores que permeiam a instituição, se manifestaram de forma vívida durante essa crise. "Essa ação solidária não apenas alivia o sofrimento imediato, mas também promove valores de solidariedade, compaixão e responsabilidade social entre os membros da comunidade educativa, contribuindo assim para uma formação integral que supera o currículo acadêmico", reflete o professor e jesuíta Higor Jesus de Lima, que coordena as ações de voluntariado no Morro do Sabiá. Para ele, após o atendimento das necessidades emergenciais, a oportunidade de poder se aproximar mais das pessoas, aprender seus nomes e conhecer suas histórias "tem sido o mais gratificante e o que de fato tem me mobilizado humana e espiritualmente", declara o jesuíta.

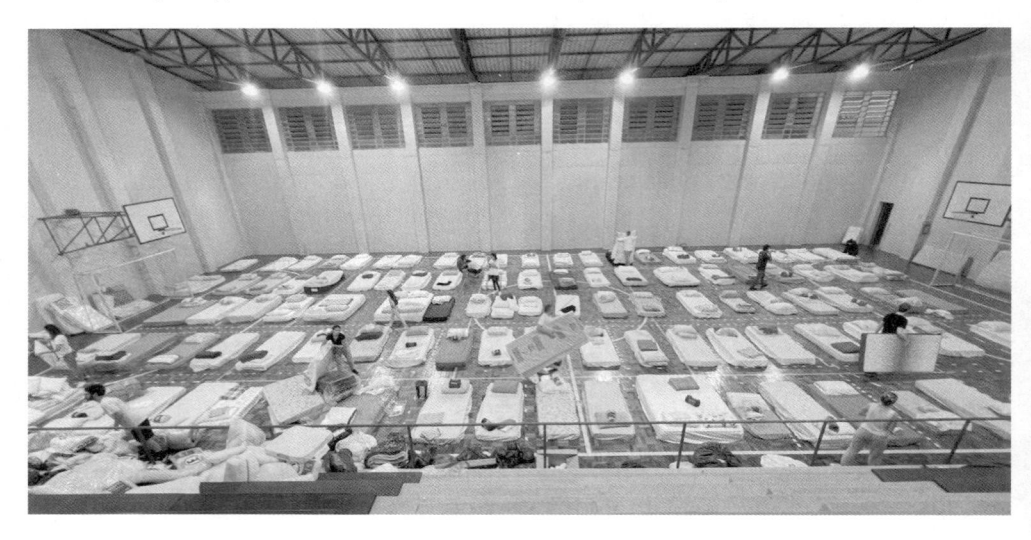

Refúgio que nutre corpo e alma

Em uma jornada marcada pela solidariedade e dedicação, o trabalho no Morro do Sabiá ergueu um santuário de esperança e cuidado. Foi a partir da fundamentação nos valores jesuítas que o local de acolhimento estabeleceu uma harmonia entre os pilares essenciais da dignidade humana: alimentação, saúde, segurança e lazer. Por lá, a cozinha se transformou em um altar de generosidade. O alimento que aquece o corpo e fortalece o espírito foi provido em parte por doações externas, e, também, pela comunidade escolar. Desde o início, o envolvimento ativo na produção de refeições realizou desde a compra de mantimentos até a entrega das refeições no abrigo.

"Em tudo amar e servir", um dos ensinamentos de Santo Inácio de Loyola, era a frase que dava as boas-vindas aos voluntários e acolhidos na porta da clínica médica improvisada. O espaço, adaptado dentro de uma sala multiuso, foi posto em prática pelo médico geriatra Dr. Emílio Moriguchi, antigo aluno e escoteiro. Com o forte apoio de outros membros da Associação dos Antigos Alunos (4A) e do Grupo Escoteiro Manoel da Nóbrega, incluindo suas filhas, Carolina e Clara, a clínica atendeu diferentes necessidades desde a chegada dos desabrigados. Além dos cuidados essenciais pós-enchente, também foi possível acompanhar condições pré-existentes, renovar receitas, realizar exames clínicos e receber medicamentos. Ademais, diferentes profissionais da saúde se mobilizaram para atender questões odontológicas e emocionais.

Buscando um ambiente de paz e tranquilidade, a vigilância do espaço também se tornou um ponto de atenção. Por este motivo, a APM custeou a contratação de segurança privada. Entretanto, não apenas o corpo e a segurança foram priorizados, a alma também encontrou alento nos corredores do abrigo. Através das artes, a comunidade anchietana teceu momentos de reflexão e contemplação, tocando os corações de todos os envolvidos. Do campo de futebol às sessões de cinema improvisadas, do Show Musical do Anchieta às apresentações artísticas de antigos alunos, das mãos que embelezaram com cortes de cabelo ao amor expresso em datas especiais, como o Dia das Mães, cada gesto revelou a beleza da solidariedade e o poder transformador da fé em ação.

Apoio aos colaboradores e estudantes afetados

O Colégio Anchieta estabeleceu o Comitê de Atendimento aos Colaboradores Atingidos pela Enchente de 2024 com o propósito de avaliar a situação da sua comunidade escolar. A partir desta iniciativa, procedeu-se ao acolhimento e triagem de dezenas de pessoas afetadas pela tragédia, incluindo 26 colaboradores e 17 estudantes cujas residências foram diretamente afetadas pelo alagamento. "Desde o início da criação do comitê, nosso compromisso tem sido o bem-estar de cada membro da comunidade escolar", conta Josiane Sturmer, Assistente Social.

Liderado por Isabel Tremarim, Coordenadora do Serviço de Orientação Educacional e da Rede de Pais, o comitê foi composto por um jesuíta, integrantes da APM, Assistência Social, Centro de Professores do Colégio Anchieta (CPCA) e do Centro dos Funcionários do Colégio Anchieta (CEFUCA) e realizou o atendimento inicial das necessidades com o apoio de diferentes organismos complementares.

Parte importante da ajuda à comunidade interna foi a arrecadação via Pix promovida pela APM. No total, foram R$ 160 mil transferidos diretamente para a conta da Associação de Pais e Mestres, um valor inestimável para quem precisa recomeçar. O sucesso da campanha solidária foi tão grande que, menos de um mês após o início, o pedido de doações foi encerrado.

Conforme a presidente da APM, as contribuições "serviram para atender as necessidades dos atingidos da comunidade anchietana, abrangendo professores e funcionários, além de atender as necessidades dos abrigados no Morro do Sabiá".

Solidariedade e voluntariado na missão jesuíta

Inspirados pela fé e pelo exemplo de Santo Inácio de Loyola, fundador da Companhia de Jesus, os jesuítas veem o voluntariado como expressão genuína de amor ao próximo, solidariedade e valores institucionais. "Mesmo neste momento, nesta adversidade, nós conseguimos manter a ação educativa", explica Isabel Tremarin. Para ela, o movimento imediato da comunidade em prol dos necessitados mostra que "o nosso testemunho é forte, é consistente, tem sentido e está presente na comunidade", finaliza.

Nesse contexto desafiador, cada gesto de apoio e cada ato de compaixão ressoam como testemunhos vivos da missão do Colégio Anchieta. Unidos pelo espírito de solidariedade, os integrantes da comunidade escolar seguem adiante, firmes na convicção de que juntos podem superar qualquer obstáculo.

UM OUTRO MUNDO É POSSÍVEL?

Holgonsi Soares Gonçalves Siqueira
*Professor de Ciências Sociais,
Universidade Federal de Santa Maria/RS*

Este artigo foi escrito em fevereiro de 2005. A pergunta que não quer calar: depois de 20 anos, a utopia de um outro mundo, mais justo, igualitário, fraterno, misericordioso está mais próxima ou distante da sua realização!? *(Nota: Redação do LF)*

Penso que já se foi o tempo em que um grande número de pessoas repetiam, de forma robotizada, o slogan: "Precisamos mudar tudo isto que está aí". Sempre considerei este slogan vazio, demagógico e ingênuo. A ordem/desordem mundial globalizada (que provocou - e está a provocar - mudanças em tudo), é fundamentalmente diferente do sistema bipolar que prevalecia no mundo, e as mudanças globais que se processaram nas estruturas econômicas, políticas, sociais, culturais e na vida cotidiana, tornaram bastante complexas as soluções para os problemas mundiais de segurança militar, segurança econômica e segurança ambiental. Aliás, entendo que qualquer tipo de segurança, certeza ou verdade que se formular no contexto presente, tem a duração de um sonho...

Mesmo assim, acredito que "um outro mundo é possível", mas não de forma ilusória, ou seja, não que "esta globalização" vai ser substituída por "uma outra", paradisíaca. Jamais dei crédito à metanarrativas (que em sua grande maioria se autolegitimam pela tradição e pela autoridade), e compactuo com a ideia de K. Kumar segundo a qual se nunca houve "mudança do sistema", as "mudanças dentro do sistema" não podem ser consideradas banais, e se continuarem, em algum ponto, até poderão provocar a mudança do sistema.

Este pensamento valida a importância da ação dos inúmeros microgrupos na condição pós-moderna, contrapondo as críticas daqueles que acusam esta nova forma de política, de ser inoperante e efêmera. Na verdade as mudanças "dentro do sistema" estão intimamente relacionadas hoje com novas necessidades, novas formas de conflitos e novos interesses políticos dos indivíduos pós-modernos.

Portanto, ao afirmar que acredito na possibilidade de um outro mundo, estou querendo dizer que acredito que muitos dos problemas que persistem no atual processo de globalização (e os novos problemas que surgiram com ele), podem ser solucionados. Porém, para que estas soluções efetivamente se processem, penso que alguns pontos não podem ser ignorados.

Primeiro, os governantes e a sociedade civil organizada precisam ter em mente que qualquer ação deve levar em conta a complexidade do contexto atual e, portanto, ações simplificadas/fragmentadas e ingênuas não provocarão mudanças substanciais "no" sistema. Segundo, que o entendimento, e principalmente a resolução das problemáticas do contemporâneo, não se fazem com experiências, valores e conceitos ultrapassados, desconectados da realidade histórica e ignorando/negando o ritmo das mudanças em curso no "mundo-como-um-todo". Terceiro, cada vez mais os indivíduos estão exercendo sua autonomia e, portanto, qualquer grupo, partido, ou os chamados "intelectuais" que queiram decidir por eles/nós, serão rechaçados. A tese da "massa muda" (J. Baudrillard) e a da onipotência das estruturas professada por muitos, cada vez mais perdem sustentação. Por fim, e no meu entendimento o principal, a questão do multiculturalismo, que deveria ser tomada como uma ponte no debate sobre as relações entre as formas específicas que cada país tenta resolver suas problemáticas e os valores comuns que permeiam o mundo globalizado.

Se lutar por outro mundo significa combater a continuidade da exclusão, da marginalização política e da desigualdade social; se significa preocupação com o meio ambiente, com os direitos humanos e com a paz, eu afirmo que o êxito destas questões depende de um significado maior, o respeito pelo Outro com sua gama de diferenças (alterando positivamente a nossa relação com ele), e consequentemente a consideração da nova cidadania que emerge de inúmeros grupos organizados de maneira verdadeiramente democrática. Um outro mundo é possível desde que sua construção passe pelo respeito e pelo diálogo democrático com todos aqueles que compõem o que abstratamente chamamos de humanidade.

ARTE E COMUNICAÇÃO

AMAR A MÃE-TERRA É CRIAR UM
AMBIENTE DE DIÁLOGO FRATERNO
NA COMUNIDADE E NA SOCIEDADE

RECEITAS (Use com moderação!!!)

PARA NÃO PERDER O CABELO? Pegue uma caixinha de fósforos e tire todos os palitos... Quando perder o cabelo, coloque-o na caixinha. Com isto, ele estará bem guardado.

PARA TERMINAR COM O CUPIM? É só alimentá-lo com bastante fermento... Ele fica tão inchado que não entra mais na madeira!

PARA AS ABELHAS PRODUZIREM MAIS MEL? É só cruzar abelha com vagalume... Ela passa a trabalhar dia e noite!

PARA PEGAR O JUNDIÁ? Basta levar um martelo e um espelho. Na hora em que o Jundiá ajeitar o fio do bigode no espelho, é só dar uma martelada na cabeça!!! (cruel!)

PARA COZINHAR O ARROZ BEM SOLTINHO? Basta arrumar uma porção de panelas e cozinhar um grão em cada panela. Com certeza, vai ser um arroz bem soltinho.

PARA A CIRCULAÇÃO SANGUÍNEA? É a couve-flor. Se não ajudar, ao menos enfeita os vasos sanguíneos...

PARA COMBATER O PULGÃO DO FUMO? Basta arrumar um cachorro em cada fileira da plantação do fumo. O pulgão vai todo no cachorro.

PARA SE LIVRAR DO PÂNICO DA CASA MAL-ASSOMBRADA? É só plantar uma porção de árvores conhecidas ao redor da casa e ela ficará bem-assombrada.

PARA SE LIVRAR DAS DOENÇAS. Alimentar-se da carne de saracura: - Sara e cura todas as doenças.

PARA NÃO TER ESQUECIMENTOS. Nunca tomar uísque. A gente se torna uISQUECIDO.

PARA SER UMA PESSOA DE BEM. Nunca tomar chá de malva. A gente se torna malvado ou malvada.

PARA PROBLEMAS DE VISÃO. Comer bastante osso. Ex.: cachorro não usa óculos!

PARA CURAR A INTOXICAÇÃO COM MAIONESE. Ler ou cantar os 150 salmos, pois a intoxicação é causada pela salmo nella!

A medicina e a inteligência artificial

JORGE ILHA GUIMARÃES
CARDIOLOGISTA, PRESIDENTE DO CONGRESSO BRASILEIRO DE CARDIOLOGIA

A medicina e a inteligência artificial (IA) estão se entrelaçando de maneiras fascinantes e transformadoras, moldando o presente e o futuro da assistência médica. A IA está revolucionando a forma como os médicos diagnosticam, tratam e gerenciam doenças, enquanto também está impulsionando a pesquisa médica e a descoberta de novos tratamentos. Aqui estão algumas das maneiras pelas quais a medicina e a IA estão convergindo:

Diagnóstico Preciso: Os algoritmos de IA podem analisar grandes volumes de dados médicos, como imagens de ressonância magnética (RM), tomografias computadorizadas (TC) e dados genômicos, para identificar padrões que os médicos humanos podem perder. Isso leva a diagnósticos mais rápidos e precisos, ajudando a melhorar os resultados dos pacientes.

Personalização do Tratamento: Com base em dados genéticos, históricos médicos e outros fatores, os sistemas de IA podem recomendar tratamentos personalizados para pacientes individuais. Isso significa que os médicos podem prescrever terapias mais eficazes com menos efeitos colaterais, melhorando a qualidade de vida dos pacientes.

Monitoramento Contínuo: Dispositivos médicos conectados à IA podem monitorar continuamente os sinais vitais dos pacientes, alertando os médicos sobre quaisquer alterações que possam indicar problemas de saúde. Isso permite intervenções precoces e pode ajudar a prevenir complicações graves.

Descoberta de Medicamentos: A IA está acelerando o processo de descoberta de novos medicamentos, analisando grandes conjuntos de dados para identificar moléculas promissoras e prever sua eficácia. Isso pode reduzir significativamente o tempo e os custos associados ao desenvolvimento de novos tratamentos.

Acesso à Assistência Médica: Em áreas onde há escassez de profissionais de saúde, a IA está sendo usada para fornecer assistência médica remota. Chatbots e assistentes virtuais podem realizar triagem inicial, oferecer conselhos de saúde e até mesmo fornecer terapia comportamental, ajudando a preencher a lacuna de cuidados médicos.

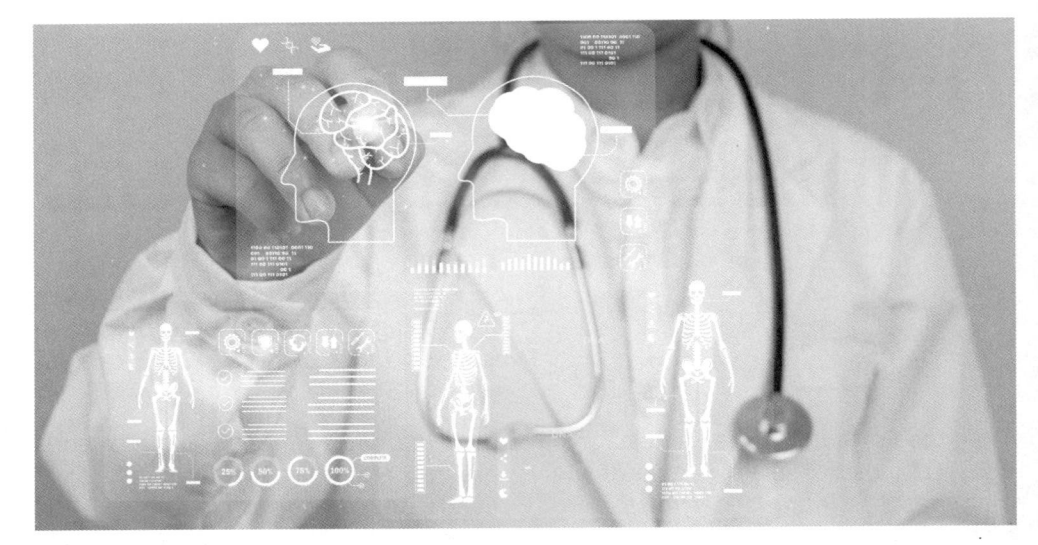

Apesar de todos esses avanços promissores, é importante reconhecer os desafios éticos e sociais associados à integração da IA na medicina. Questões como privacidade dos dados, equidade no acesso aos cuidados de saúde e o papel dos profissionais de saúde humanos precisam ser cuidadosamente consideradas e abordadas.

No entanto, à medida que a medicina e a IA continuam a se fundir, há um enorme potencial para melhorar a eficiência, a precisão e a acessibilidade dos cuidados de saúde, transformando positivamente a vida de milhões de pessoas ao redor do mundo.

Parte superior do formulário

O excelente texto acima não foi escrito por mim. Foi escrito pela inteligência artificial (IA), no ChatGTP, a partir de alguns parâmetros solicitados e perguntas específicas. O seu conteúdo está correto cientificamente.

Isto é fantástico, mas também aterrador. Nos traz todas as questões éticas, mas também indagações sobre até onde irá e se verdadeiramente substituirá o trabalho hoje realizado por humanos.

Não sabemos o futuro, mas temos importantes informações sobre o presente. No que se refere aos sites de IA, Sam Altman, CEO e fundador do Open AI, principal site de IA, há poucos dias, em entrevista, afirmou ser ele a pessoa que menos confia nas informações destes sites. Ora, isto é bem fácil de entender. O que capturamos são as informações que estão na internet e lá temos todo o tipo de informações, desde muito preciosas até verdadeiramente falsas.

Voltando à medicina, a inteligência artificial vai ajudar muito, vai substituir muitos médicos, mas, acredito que nunca poderá andar sozinha. Sempre precisaremos do olho humano, do raciocínio clínico. Mas a IA ajudará a aumentar a precisão diagnóstica.

ARTE É COMUNICAÇÃO

As pessoas se comunicam com seus semelhantes de várias formas. Uma delas é a linguagem artística, tão antiga quanto o próprio homem.

Na Pré-História, há mais ou menos quarenta mil anos, quando o homem pintava cenas de caça e de guerra, símbolos de fecundidade, de vida e de morte, através dos traços ou manchas esquemáticas, já estava sugerindo o primeiro sistema de comunicação.

As pinturas que os homens pré-históricos faziam nas paredes das cavernas chamavam-se Pintura Rupestre, que quer dizer gravado ou traçado na rocha.

Há imagens feitas na Europa, há cerca de 40.000 anos, e no Brasil há mais ou menos 10.000 anos que guardam muitas semelhanças. Pelo seu traçado e estilo percebemos como era a vida dos nossos antepassados. Os homens desse período usavam técnicas rudimentares e até mesmo as próprias mãos como pincel para executar o trabalho. Retiravam a tinta do barro ou das folhas e frutas da natureza, buscando soluções inteligentes, dentro de suas condições, para tentar se comunicar. É fácil perceber como a arte é importante, como registro histórico, para conhecermos a História da Humanidade.

Desde a Pré-História, o homem mostrava sua necessidade de comunicar-se através de outras linguagens. Antes mesmo de falar ou escrever, ele dançava e desenhava; por isso, podemos afirmar que a primeira linguagem com a qual o homem se comunicou foi a linguagem artística.

A todo instante, nossa atenção é atraída por alguma imagem. São as mais modernas e contemporâneas formas artísticas de comunicação visual. Servimo-nos de vários recursos para passar a nossa mensagem e tudo o que foi citado faz parte da arte de Comunicação/Expressão.

Buscando mostrar o que via, pensava, sentia, conhecia e imaginava o artista, desde a Antiguidade, comunicava-se através das suas obras, das mais variadas formas. E nos vários momentos históricos e nos fatos importantes ocorridos no mundo, o artista inovava a comunicação visual, dando-lhe características, tendências e corpo de obra de arte.

Mas o importante é perceber que cada artista, na sua época e da sua maneira, criou imagens cheias de significado e simbolismo. Como diz Ernest Fischer: "O homem é por princípio um mágico, e como mágico transforma o mundo".

Usando a madeira, o osso, o barro, a pedra ou o metal, o homem faz estátuas e esculturas, modela formas, cria imagens, como num passe de mágica. Com o lápis e pincel, ele desenha e pinta imagens que sua mente criativa elabora e sua pessoa vive. Ele transforma em obras a comunicação do seu pensamento elaborado e reproduzido, não somente pela palavra ou pela escrita, mas pela forma com a qual ele melhor se identifica e o torna feliz, que é a obra de arte, ou seja, a sua composição visual, aquilo que o olho vê e o coração sente *(Pesquisa LF)*.

A obsessão pela tela

Daniel Scola
Jornalista

O que estamos vivendo agora é uma imersão na solidão mesmo estando em grupos

O comportamento humano é mesmo curioso. Provavelmente, os psicanalistas antigos, como Freud, teriam prato cheio para analisar. Mas o aspecto mental em si é melhor que os psicólogos, psiquiatras, psicanalistas e outros ólogos desvendem. Vou me deter num tipo de comportamento e em como ele interfere no dia a dia. É inegável o poder de absorção das pessoas pelas telas. Mais inegável ainda é o poder destrutivo para crianças.

Um assunto de preocupação hoje são as crianças obcecadas com o smartphone. E há motivos para estarmos preocupados. É uma mudança de comportamento que exige intervenção e controle dos responsáveis. As inverdades e bobagens nos "conteúdos" a que as crianças estão expostas levam, entre outros efeitos, à banalização das relações com outras pessoas. E não são apenas as crianças que foram abduzidas pelas telas. Os adultos também. Sem distinção de idade ou classe social. Todos!

No trem metropolitano, passageiros do vagão inteiro compenetrados na tela do celular. No show de rock, mais gente gravando vídeos com a câmera do que assistindo ao evento ao vivo.

O casal chegou ao estádio no meio do jogo, perdeu o gol – o momento de êxtase do futebol –, mas não perdeu a selfie para as redes sociais. Embora com parte do restaurante lotado de consumidores, o tradicional burburinho deu lugar ao silêncio do vazio. As pessoas estavam ali, mas não estavam. As cabeças estavam voltadas para as telas. Não havia conversa, nenhuma interação. Só o mundo virtual prendia a atenção dos clientes. Na sala de espera do consultório médico, as revistas que serviam de distração foram trocadas pelo smartphone.

O que será que os usuários encontram ali? Conforto, carinho, amor. Certamente, não.

Vidas perfeitas e não reais, é bem provável. É verdade também que a nossa rotina se transferiu para os aplicativos. Mas uma horda de usuários extrapolou esse conceito para se manter conectada a uma realidade diferente. Historiadores arqueólogos nos ensinaram que andamos em bandos e pronunciamos as primeiras palavras ainda na era glacial. Nem dá para dizer que estamos voltando no tempo. O que estamos vivendo agora é uma imersão na solidão mesmo estando em grupos.

Uma solução possível seria aproveitar mais a vida real e ignorar, um pouco, a vida digital.

Comunicação, uma necessidade humana essencial

Danielle Currlin
Especialista em Comunicação Estratégica, Bem-estar Organizacional, Gestão e Liderança. Jornalista. Professora de Inglês

A Palavra é metade de quem a pronuncia, metade de quem a ouve
(Michel de Montaigne, Filósofo francês, 1533-1592).

A comunicação é uma das mais importantes necessidades humanas depois da sobrevivência física. O homem é um ser social e necessita da comunicação do mesmo modo que o corpo requer água e alimento para um bom funcionamento. A habilidade de comunicação interpessoal é extremamente exigida, especialmente no âmbito profissional. Essa habilidade permite ao indivíduo o desenvolvimento das sensações de segurança, autoconfiança, firmeza, credibilidade, felicidade e enriquecimento interno. Por outro lado, quando essa habilidade é deficitária, ou ineficiente, o déficit pode contribuir para a deterioração da imagem pessoal e comprometer também o campo profissional.

Um bom comunicador é aquele que transmite suas mensagens com clareza e objetividade, recorrendo sempre que possível aos recursos da voz, que enriquece, quando bem colocada, e bem impostada o discurso, prendendo a atenção do interlocutor.

Nós nos comunicamos para sermos reconhecidos e aceitos, expressamos o que somos e para sabermos quem somos. Nós somos do tamanho da comunicação que conseguimos estabelecer no meio em que vivemos, seja socialmente ou profissionalmente.

A correta e boa comunicação é o nosso instrumento de exploração do mundo e também, ao mesmo tempo, um precioso e importante instrumento com o qual o mundo nos explora. É através deste jogo que formamos, gradualmente, opiniões, conceitos e juízos que nortearão nossa vida, sem os quais seria impossível a convivência. Fincamos nossa estrutura pessoal, nos revelamos, por meio das comunicações que praticamos, seja ela realizada através dos recursos verbais, recursos vocais e/ou recursos não verbais, salientando que estes recursos precisam se apresentar de maneira coerente e complementar para atingir a expressão plena, a comunicação mais efetiva. Se nossas ideias, nossos pensamentos, materializados através da comunicação, têm qualidade e conseguimos transmiti-las com inteligência, com elegância, simpatia, segurança e sensibilidade, com certeza isso pode nos assegurar mais excelência nas relações interpessoais, gerando maior aceitação e sucesso nas ações cotidianas. Essa comunicação é uma forma de libertação, amplia nossos horizontes, nos dá a oportunidade de arrancar nossas máscaras e deixarmos transparecer quem realmente somos, um processo que ajuda a dar vazão ao lado criativo.

E preciso acreditar que podemos desenvolver sempre mais essa habilidade. Para isso, é preciso buscar melhorar nossa comunicação e nossos relacionamentos em cada área de nossa vida. O que não só é possível, mas necessário. Com as ferramentas certas e uma boa assessoria, podemos aprender como tirar os melhores resultados, principalmente entendendo o padrão de quem está recebendo a nossa mensagem. Esse é o tal "pulo do gato"...

Uma nova cidadania comunicacional

ATTILIO I. HARTMANN
JORNALISTA, JESUÍTA

Em fevereiro de 2010 foi realizado, nas dependências da Pontifícia Universidade Católica do Rio Grande do Sul (PUCRS), o primeiro Mutirão de Comunicação América Latina e Caribe, com a participação de 37 países, debatendo temas com enfoque na cultura solidária em perspectiva de uma nova cidadania comunicacional.

No Brasil, o Mutirão da Comunicação é realizado desde 1998, sempre com o propósito de ser um espaço de intercâmbio, atualização, reflexão e aprofundamento sobre temas da comunicação e da sociedade e como instância de mediação e socialização entre aqueles que trabalham no campo da comunicação. Estes mutirões debateram temas como: Solidariedade-Ética-Cidadania; Relações Solidárias na Aldeia e no Global; Comunicação para outra ordem social; Comunicação e Responsabilidade Social, Comunicação e Amazônia - Fé e Cultura de Paz.

Na verdade, o Mutirão continental significou a conjunção dos mutirões brasileiros de comunicação com os Congressos organizados pela OCLACC (Organização Católica Latino-americana e Caribenha de Comunicação). Foi uma experiência singular: instâncias da igreja local, nacional e continental, juntamente com uma organização continental de comunicadores, convocando para um diálogo comum e buscando uma contribuição conjunta para uma outra sociedade que se acredita possível. E desde a comunicação, entendida menos como mídias e mais como políticas e processos.

CULTURA SOLIDÁRIA...
CIDADANIA COMUNICACIONAL

A teimosa e reiterada afirmação da necessidade de se criarem condições para uma cultura solidária não foi tema, apenas, de um ou outro seminário, mas perpassou transversalmente todas as atividades do Mutirão.

Neste sentido, o Mutirão pensa ter contribuído para o que se pode chamar "cidadania comunicacional", construída a partir de uma geral convicção, consciente ou inconsciente: ou a solidariedade se torna o novo nome das relações entre as pessoas, na sociedade e entre os povos, ou o nosso habitat, o planeta Terra e, claro, a humanidade, não tem futuro.

Assim, a utopia da globalização da solidariedade viveu mais um round e num meio onde nem sempre se reflete seriamente este tema.

É sabido que uma globalização sem solidariedade afeta, negativamente, os setores mais pobres. Já não se trata, simplesmente, do fenômeno da exploração e da opressão, mas de algo novo: a exclusão social. Com ela fica afetada a própria raiz da pertença à sociedade na qual se vive, pois a pessoa excluída já não está abaixo, na periferia, mas está fora.

Os excluídos não são somente "explorados", mas "sobrantes" e, por isso, "descartáveis". Diante desta forma de globalização, o Mutirão quis contribuir para uma globalização diferente que esteja marcada pela solidariedade, pela justiça e pelo respeito aos direitos humanos, visando a cidadania comunicacional.

Diferentes práticas de comunicação

Comunicação não é mais "coisa de jornalista". E o Mutirão quis exatamente contribuir para este novo conceito e prática de comunicação, especialmente dentro das instâncias eclesiais. Comunicação é processo, é política, é pesquisa, é diálogo e é, também, mídias. Assim, diante do avanço espetacular das novas tecnologias da informação e da comunicação, o desenvolvimento de novos códigos e linguagens e a importância, cada vez mais valorizada, dos espaços de diálogo e debate, a comunicação se converteu em um elemento fundamental no processo de mudança de mentalidades. A comunicação, livre, democrática, participativa é garantia para a governabilidade, fator de entendimento e de respeito entre as pessoas, instrumento para expor propostas, partilhar conhecimentos, apresentar dúvidas, aprender e ensinar. Numa palavra, a comunicação se converte na marca característica de cidadania, do ser humano e de todo o espaço democrático e respeitoso dos demais.

Por isso, é extremamente importante que os profissionais da comunicação, as lideranças sociais, políticas e comunitárias, que têm a responsabilidade de promover uma nova cultura, a cultura da solidariedade, analisem estes novos desafios e construam coletivamente propostas que facilitem uma comunicação capaz de ajudar a construir sociedades mais democráticas e, se mais democráticas, mais justas e, se mais justas, mais humanas para todos. Cidadania comunicacional. Este é o desafio para todas as formas de comunicação, desde as modestas mídias populares até as grandes redes nacionais e internacionais. E aqui ganham maior importância os centros de pesquisa, como espaço/lugar para sistematizar a comunicação para que já não seja apenas uma comunicação de consumo, mas uma comunicação de sentido.

Evangelização e Comunicação

Embora a dimensão de uma proposta evangelizadora com sentido para a sociedade atual estivesse presente, como pano de fundo, em todas as colocações e debates, aconteceram seminários específicos, coordenados por conhecidos teólogos, onde se debateu particularmente uma outra evangelização possível, que responda às grandes preocupações do homem e da mulher deste tempo.

O que se pôde perceber é que há um imenso desejo de uma evangelização inculturada que não insista tanto na catequese e na instituição eclesial como referência central, com suas normas, leis e códigos, mas busque sempre mais um embasamento bíblico e teológico, focalizado no Deus da Esperança, no Deus comprometido com a humanidade, no Deus que, em Jesus, se identifica com os pobres e faz do seu olhar o lugar desde onde é preciso construir um outro mundo possível, solidário, justo, fraterno.

Talvez seja este, exatamente, o maior desafio que se apresenta para a comunicação, os comunicadores e para todos os homens e mulheres de boa vontade: numa realidade onde as mídias se transformaram num negócio, visando somente o lucro, fazer da comunicação e das mídias, sejam elas quais forem, um verdadeiro, honesto e democrático serviço à sociedade. E este desafio deve encontrar nos meios de comunicação da igreja seu referencial, seu lugar profético de realização.

UMA NOVA SOCIEDADE LATINO-AMERICANA

Sou visionário e utópico assumido. Por isso, creio que há uma nova sociedade latino-americana em gestação, que sofre em dores de parto de diferente ordem, mas que busca, lentamente, talvez, mas passo a passo e processualmente, transformar-se na pátria grande sonhada por libertadores de ontem e de hoje. E isso foi possível sentir durante a realização do Mutirão de Comunicação América Latina e Caribe, evento que marcou a história da comunicação do nosso continente. Uma comunicação democrática, solidária, dialógica, sem preconceitos de raça, cor ou religião, contribuindo para uma verdadeira cidadania comunicacional...

O mutirão foi em 2010, estamos em 2025, há 15 anos, portanto. Mas o tema é "terrivelmente" atual e necessário, o que justifica, plenamente, que seja publicado novamente! A utopia da "Pátria Grande Latino-americana" ainda está em dores de parto...

Dedique tempo ao essencial

IR. ZULEIDES ANDRADE, ASCJ

Depois de uma noite para acalmar-se e refazer as energias, a natureza desperta de mansinho, convidando todos os seres criados, para que se unam num cântico de glória ao Criador da vida que se renova. As estações do ano são toques de Deus e um brinde para os nossos sentidos. Observe os detalhes em cores, texturas, formas, movimentos, odores e sons; manifestações da ternura, do carinho, dos cuidados e da grandeza de Deus. Renove a sua adesão a Ele com expressões de amor, de contemplação, de admiração e gratidão.

Comece o dia com silêncio e suavidade nos gestos e ações, saboreando o despertar. Permita-se entrar em sintonia com as pessoas que, em diversos lugares do mundo, estão entoando salmos e cânticos de louvor ao Deus da Criação.

Dedique tempo para estar com Jesus, presença real na Eucaristia, hóspede divino, na Sagrada Comunhão.

Dedique tempo para estar com os filhos, a família a comunidade. Aproveite para pequenas lições de convivência, para educar na fé cristã. Nos primeiros anos de vida, a família é muito importante para a criança, que precisa de colo e brincadeiras, de contato com o mundo real. Tem curiosidade em observar e aprender nomes de flores, de pássaros, de animais e faz muitas perguntas. Isso vale também para os maiores.

Dedique tempo para rever o dia, para avaliar as prioridades em sua vida: Deus e a família. Termine o dia, sempre que possível, com a família reunida. Agradeça a Deus e às pessoas. Ouça o que Deus lhe diz, através da Bíblia, dos acontecimentos, da comunidade de fé, da arte sacra, das orações, poesias, canções, coisas belas, simples e reais da vida.

Dedique tempo para os mais frágeis: os que estão chegando nesse mundo, as crianças, com toda a sua vivacidade, alegria, desejo de brincar, de aprender e ouvir histórias.

Dedique tempo aos que deste mundo se despedem, os idosos, com a sua serenidade, sabedoria, desejo de ensinar, recordar e muitas histórias para contar...

DEMÊNCIA DIGITAL

Mário Corso
Jornalista

Cada época tem uma revolução que reacomoda o mundo. Temos o privilégio de assistir à revolução digital. Como as outras, ela destrói empregos e cria outros. É desnecessário notar o quanto ela simplificou nossa vida e trouxe possibilidades nem sonhadas.

Mas nem tudo são flores. Como criadores e cobaias dessa revolução, desconhecíamos os efeitos prejudiciais. A expressão "demência digital" começa a ser usada por neurologistas e pesquisadores do cérebro. Referem-se a um declínio cognitivo advindo do uso de tecnologia digital.

Veja os efeitos disso na geração Z (nascidos depois de 1996). O QI dos filhos é inferior ao dos pais. Aumentaram os casos de depressão (50%), de suicídios que são mais precoces (entre 10 e 14 anos subiu 48%), além do incremento de casos de automutilação, ansiedade, fobia e pânico. Usam precocemente medicações psiquiátricas. São inábeis na comunicação. Tendem a ter pouca motivação, baixa resiliência e não lidam bem com a frustração.

Culpar apenas as telas é exagero. Existem as famílias e as escolas vocacionadas ao hedonismo. Mas são os primeiros a crescer com um smartphone na mão. Lembrem: todo novo território é um faroeste no início. A socialização nas redes sociais é selvagem, pois a criança é exposta a conteúdos e querelas adultas antes do tempo, especialmente temas sexuais.

A aprovação por "curtidas" cria obsessões por aceitação e autoestima. As pressões estéticas são esmagadoras, constituir uma imagem corporal, um drama. Os jovens vivem aterrorizados pela exposição nas redes, pelo cancelamento e pela humilhação pública.

Jogos eletrônicos substituíram brincadeiras de exploração do espaço. A pracinha não te dá estrelinhas e aplausos a cada passo. O reforço excessivo encanta a tela e desencanta o mundo. O desenvolvimento da inteligência, que depende da atividade corporal, empobreceu.

É impossível eliminar as telas, mas é possível limitar o uso. Sem proibir, para não atiçar o desejo. Dê o exemplo, se ficares mesmerizado com o celular, teu filho te imitará. Olhos postos na tela, os adultos ensinam, observam e amam menos. Isso também contribui para tantas fragilidades. Diga-me: você deixa seus pequenos nessa selva sozinhos?

QUATRO MESAS

Ir. Zuleides Andrade, ASCJ

Nossa vida tem muitos momentos de estar em mesas, sejam elas reais ou simbólicas. Esses espaços de convivência merecem nossa atenção, pois são extensões do nosso amor e cuidado para com os grupos aos quais pertencemos. E vale lembrar o que Jesus disse: "Onde dois ou três estão reunidos em meu nome, aí estou eu no meio deles" (Mt. 18,20).

A mesa da refeição é lugar de encontro, de acolhida, de partilha do alimento, lugar de conversa mansa, assuntos alegres e leves. Mesa de refeição é lugar de nutrir a vida corporal e emocional, com cheiros, cores, sabores, gentilezas e sorrisos, lugar de experimentar a bondade de Deus e das pessoas.

A mesa da arte, do brincar e dos jogos é espaço de criatividade, descontracção, onde pode-se apreciar as expressões dos demais, brincar com movimentos, palavras, formas, cores e texturas; lugar de emoções, desafios, de colocar em comum gostos, habilidades, sentimentos e talentos, lugar onde a beleza e o lúdico ficam evidentes.

A mesa dos estudos é espaço onde é facilitada a aquisição e construção do conhecimento do mundo e das pessoas, através das ciências e saberes. Mesa onde é possível usufruir da riqueza registrada durante séculos, partilhar e misturar a sabedoria dos idosos com a agilidade e vivacidade dos mais jovens. Mesa também de planejar e avaliar, de discernir e buscar respostas que levem à verdade.

A mesa da espiritualidade é o espaço onde livros e objetos sagrados levam as pessoas entrarem em sintonia com Deus, com os Anjos e os Santos. É lugar de reconciliação, de reflexão, de leituras, cânticos e orações, que se expandem do pequeno grupo para as intenções do Mundo. A mesa da espiritualidade leva a buscar a Mesa da Palavra e da Eucaristia, onde Jesus é presença através da Palavra, da Eucaristia, da Comunidade de Fé e do Sacerdote.

Encontrar tempo e disposição para participar dessas quatro mesas faz parte da arte de viver!

RELIGIÃO E ESPIRITUALIDADE

Amar a Mãe-Terra é realizar o sonho do Criador que no início "viu que tudo era muito bom" (Gênesis 1,31)

Um jogo de golfe
bíblico

Moisés, Jesus e um velho estavam desfrutando de uma rodada amigável de golfe juntos. Moisés jogou a bola, que foi navegando sobre o vasto campo e aterrissou em um lago. Então ele separou a água e jogou a bola novamente no enorme campo verde.

Jesus foi o segundo. Ele bateu a bola que também foi navegando pelo campo e aterrissou no mesmo lago. Jesus apenas andou sobre a água e jogou a bola novamente.

O velho se aproximou e bateu na bola. Como no caso de Jesus e Moisés, a bola foi navegando sobre o campo verde e também caiu no lago. Mas, pouco antes de cair na água, um peixe saltou e agarrou a bola com a boca. No momento que o peixe estava mergulhando, uma águia apareceu e o agarrou com suas garras. A águia estava voando sobre o campo verde, quando, de repente, um relâmpago disparou do céu e fez com que ela caísse no chão. Assustada, a águia deixou o peixe cair... Para a surpresa de todos, quando o peixe atingiu o chão, a bola saltou para fora de sua boca e rolou diretamente para o buraco de golfe que eles tanto queriam acertar.

Jesus então se voltou para o velho e disse: "Pai, se você não parar de brincar, não vamos te trazer da próxima vez."

Deixa crescer a semente que há em ti

Adroaldo Palaoro
Orientador de Exercícios Espirituais, escritor, jesuíta

A Natureza nos mostra muitos caminhos, simples e belos, que nos ajudam a sermos mais humanos, se tivermos um olhar atento e contemplativo, como o olhar sensível de Jesus. Suas parábolas deixam transparecer que Ele foi um homem com os "pés afundados na terra", vivendo uma relação sadia e agradecida com todas as criaturas. Em tudo sentia a presença providente e cuidadosa do Pai.

A Terra tem seu ritmo, sua sinfonia, onde todos os elementos que a compõem, convivem numa perfeita harmonia e integração.

A relação com a terra desperta nossa sensibilidade, nos ajuda a ser melhores, mais sensíveis, mais pacientes, mais amáveis, mais observadores. A relação com a terra fortifica nossas raízes para que nossa relação com as pessoas e as criaturas seja melhor, nosso respeito ao meio ambiente seja mais profundo e espiritual.

Segundo a tradição oriental, quanto mais baixo estiver o corpo, mais feliz fica a mente. O ocidente deseja que as pessoas pensem no céu, e alonguem a cabeça no ar para fazê-las olhar para cima e ver as nuvens. O oriente sabe que a melhor maneira de chegar ao céu é estar solidamente na terra, e por isso convida as pessoas a se agacharem ou se assentarem no chão. A postura cômoda, literalmente na terra, é condição para a paz interior. As pessoas são devolvidas às fontes terrenas.

Ao encontrar-se com a mãe-terra a pessoa é impulsionada para as experiências transcendentais. Quanto mais proximidade e intimidade com a terra, mais profunda é a experiência espiritual.

Na Índia, quando as pessoas se levantam, sua primeira oração é juntar as mãos e pedir perdão à Mãe Terra por pisá-la. Que não haja ofensa no contato necessário com o chão, mas intimidade.

Em casa, as pessoas sempre andam descalças. O pé nu acaricia a terra que pisa, agradecendo o apoio e mostrando sua confiança. Cada passo deve ser uma oração e cada caminhar é um rosário de contas que marcam os caminhos da vida com a fé do caminhante. Dá força e inspiração sentir-se junto à terra, palpar sua firmeza, medir sua intensidade.

Cada chão tem uma palavra a lhe dizer, um valor a preservar, uma mensagem a acolher. É o altar cósmico sobre o qual celebra-se diariamente a liturgia da vida.

Todas as religiões e culturas se servem de relatos para revelar a verdade e fazer chegar até nós a sabedoria de nossos antepassados. A revelação mais antiga e universal é que a Terra e todas as suas criaturas, assim como o ar, o solo, a água são sagrados, e que esta verdade deve refletir-se em nossas vidas.

Como cristãos, seguir Jesus Cristo hoje é adquirir conhecimento e experiência consciente desta história oculta e sagrada. Com efeito, a Terra acolheu Jesus como acolhe toda pessoa que vem a este mundo.

É a casa verdadeira, a mais básica. Jesus sentiu a companhia desta Terra que é irmã e mãe. Ele soube viver as noites e empregá-las, para além de sua solidão e aspereza, para encontrar sentido e para dar profundidade às suas atuações mais decisivas. Desfrutou dos caminhos andados, dos campos semeados, do vento que se assemelha ao Espírito, das árvores que empregará como parábolas do Reino, das vinhas que serão símbolo de sua oferta em novidade...

Experimentou a dureza da Terra, sua aspereza no deserto e o calor de seu abrigo à hora da morte; pisou o chão de terra batida, machucada, rasgada. Teve uma mentalidade inclusiva porque, no fundo, entendeu que tudo estava relacionado e que as coisas e as pessoas buscam o mesmo horizonte.

A partir do que cada um é no núcleo de seu ser, deve ativar todas as possibilidades sem pretender saber de antemão onde o levará a experiência de viver. Na vida espiritual é ruinoso prefixar metas às quais temos de chegar.

É preciso, portanto, expandir a vida que, como tal, é imprevisível, porque toda vida é, antes de tudo, resposta às condições do seu entorno. Não podemos pretender nenhuma meta, mas abrir-nos às surpresas da vida e caminhar sempre para frente.

Diziam os antigos que o agir segue o ser. Devemos esquecer das muitas cobranças e normas que cumprimos mecanicamente e abrir espaço para que aquilo que nos faz mais humanos surja do mais profundo de nosso ser e não de programações que venham de fora.

Põe a semente na Terra, não será em vão. Não te preocupe a colheita, plantas para o irmão.

Obrigada por gostarem do
meu filho

BEATRIZ KRAUSE
JORNALISTA

Faço parte de um grupo de Ministros Extraordinários da Sagrada Comunhão, em uma Comunidade católica em Porto Alegre. Um dos Ministros é de São Paulo e veio morar no Sul, com a família, há alguns anos. Somos um grupo unido, temos amizade e respeito mútuos.

Estávamos na igreja, ao final de uma celebração, e esse Ministro se aproximou para apresentar a mãe, que havia chegado de viagem da capital paulista.

Uma senhora querida, alegre e simpática. Ela abraçou a cada um de nós e disse: Obrigada por gostarem do meu filho! Respondemos quase juntos: Ah, sim, gostamos muito do seu filho! Pela expressão carinhosa no olhar, vi que ela ficou muito contente.

Eu achei tão bonito o modo como ela nos cumprimentou! Fiquei alguns minutos em silêncio para guardar aquelas palavras e pensar sobre elas. Disseram tanto para mim: o quanto uma mãe sente amor, saudade e falta do seu filho. Coração materno não é difícil de entender, mas só Deus compreende em profundidade como é possível tanto amor, porque Ele é Amor.

Quem nossos filhos beija, a nossa boca adoça. Esse é um ditado que se fala na maior cidade do mundo ou no interior, na campanha ou no pago mais escondido e verdejante da nossa terra.

Então, relembrando as palavras maternas ditas na igreja e durante o período de silêncio, em que pude meditar sobre elas, pensei em Maria, mãe de Jesus, dizendo para cada um de nós a mesma bela oração: Obrigada por gostarem do Meu Filho!

NOVOS CAMINHOS

Pe. Sereno Boesing, sj
Rede Mundial de Oração do Papa/AO, Assistente Eclesiástico do Conselho Arquidiocesano dos Movimentos de Apostolado Leigo (CAMAL)

Deus é rico em misericórdia e amor. Nessa fonte divina tem origem a vida, a dignidade, a liberdade de todos os seres humanos. Logo, Deus é o Senhor da nossa vida. Nele surgimos, vivemos e existimos enriquecidos por múltiplas capacidades.

Estas potencialidades das pessoas humanas, são a causa de tanta tecnologia, infelizmente nem sempre bem conduzidas nas transformações sociais, culturais e ambientais. Como consequência, o "rodopiar" das tradições, valores, atitudes humanas que nos atinge.

Sentimo-nos inseguros frente às diversas concepções de mundo; do religioso; do científico que brotam destas novas concepções.

E a Igreja?

Claro, fortemente interpelada, para que aponte caminhos. E o caminho apontado é Jesus Cristo. E Jesus, para o seguirmos na fidelidade, deixou-nos a sua Igreja. Comunidade que recebeu a missão de anunciar os valores do Reino de Deus a todos os povos.

A missão recebida do Senhor requer discernimento frente às propostas do Evangelho. Conversão pessoal para transmitir com mais segurança os sinais de vida e ressurreição, bem como agentes de diálogo que supere a dicotomia entre fé e vida. Sempre em comunhão com Jesus Cristo. Seu alerta não deixa dúvidas. "Sem mim nada podeis fazer".

É sábio quem nunca perde de vista a centralidade de Jesus Cristo em tudo. Contemplar seu jeito de viver como filho. Ele é o único referencial seguro em todas as circunstâncias da vida. Como ressuscitado, vivendo entre nós, afasta todos os males. É o caminho e garantia de vida feliz. De vida humanizada e valorizada ao longo dos nossos dias. É o caminho aberto até o coração da Trindade Santíssima. Caminho seguro na jornada da ética pessoal e social de que tanto precisamos em nossas jornadas e protagonismo cristão. Sempre alimentados pela livre e amadurecida opção pelo Evangelho onde encontramos a solene afirmação do Senhor "Estarei convosco até o fim". Presença visibilizada pelo sinal sacramento da Igreja.

A Igreja, Sacramento de Cristo, como discípula por vocação, precisa atualizar de forma solidária, participativa, organizada, os ensinamentos e exemplos de servir deixados pelo Mestre da vida. Desde sua origem a

Igreja é una, santa e apostólica, enriquecida por uma diversidade de carismas e dons que harmonicamente devem ser trabalhados para o bem de todos.

Todos unidos seremos a Igreja que celebra a vida, faz memória de Jesus nas liturgias e sacramentos. Mantendo vivas verdades irremovíveis:

- Cristo sempre é o centro de tudo. Em todos os procedimentos, vale seu exemplo, seu modo de agir, proceder e ensinar, perdoar e acolher. Sempre é e será referência indispensável.
- A vida e a missão acontecem em comunidade. Comunidade orante. Comunidade que busca a verdade. Comunidade que vive da Palavra. Comunidade servidora da vida. Enfim, comunidade missionária na qual todos somos agentes com presença ativa e permanente na história em qualquer ambiente.

O Espírito Santo

Espírito que ilumina e santifica todas as ações. Garantia e força da vida, do perdão, da paz e clareza sobre o Plano de Deus. Autor da infinita riqueza de dons e carismas, capazes de transformar a face da terra. Ele capacita a todos para conhecer quem são e a que vieram. Com Sua luz divina conseguiremos ser pescadores de homens e fazer essa transposição da menos vida para mais vida. Da desumanização para a humanização. Da escravidão para a liberdade de filhas e filhos.

Em todas as nossas ações apostólicas não podemos esquecer a Mãe de Jesus e nossa Mãe. A Serva do Senhor. A Maria do "Sim". Mulher modelo de fé; servidora e solidária. Igualmente eficaz será nosso olhar constante para tantos santos e santas, nossos irmãos e irmãs.

Especialmente, os mártires. Como viveram? Quais as razões de sua fé? Quais as causas de tanto ardor? Como se fizeram "dom" para os outros? Sobretudo onde hauriram as forças para testemunhar tanta humildade, fé, esperança e caridade?

Novos tempos

Os anos passaram ligeiro. Chegou a nossa vez. Como fazer acontecer o Reino de Deus na América Latina? Região, Arquidiocese, Paróquia?

Transformando nossos corações de discípulos missionários. Diminuir as distâncias para chegar aos outros. Pois somos todos amados por Cristo. Foi Ele que nos escolheu, nos chamou e elevou à condição de filhos e irmãos Nele e por Ele.

Manter em evidência o fato de que a evangelização é um processo gradativo, que perpassa a vida da pessoa desde a idade de criança, adolescência, jovem, enfim pessoas adultas, plenamente capacitadas para opções livres.

Não descuidar a importância da família, a questão da cor, raça, culturas, sobretudo da maioria pobre. Esta realidade é chocante porque verdadeira agressão à dignidade humana.

Necessário se faz um olhar de pastor para as comunidades eclesiais, onde são acolhidas as pessoas. Um olhar caridoso para os âmbitos sociais, a formação permanente. Nunca é demais recordar que a melhor resposta que podemos dar é cultivar a comunhão de vida fraterna.

Enfim, o discípulo missionário, para ser eficiente no serviço do Reino, deverá ter permanente presença na escola de Jesus. Quanto mais profundo o conhecimento do Mestre e da Sua Causa, maior será o resultado apostólico. Brilhará mais o rosto de Cristo. Mais autêntico será o encontro com a pessoa de Cristo. Consequentemente, mais autêntica será a comunhão com Cristo.

A missão de ir à vinha do Senhor que se prolonga por toda nossa existência porque não temos morada aqui. O ponto de chegada é a casa do Pai, sempre em companhia com o Mestre Jesus. Com ele visualizamos melhor as diversas etapas do discipulado: humanismo, espiritualidade, a vida intelectual, comunitária e pastoral.

Caminhando com Cristo pela vida, neste novo milênio, conscientes do chamado do Senhor, é preciso valorizar a diversidade das ações eclesiais. Fraternalmente, com fé, esperança e caridade, ser sinal chamativo, atraente, via mandamento do amor. Amando-nos como Ele nos amou e nos ama.

Devoção Mariana
Os muitos títulos de
Nossa Senhora

Afonso Wobeto
Jornalista, jesuíta

Desde a infância, a gente ouviu falar de Nossa Senhora de Fátima, Nossa Senhora de Lourdes, Nossa Senhora Aparecida, Imaculada Conceição e outras invocações a Maria, a Mãe de Jesus. Eram conhecidas as diferentes imagens, santinhos e estátuas de Nossa Senhora, de acordo com os títulos atribuídos a ela. Acompanhava-se, também, a recitação da ladainha lauretana (chamada assim porque surgiu em Loreto, Itália, no século 16), com as muitas e variadas invocações.

Não se entendia bem o motivo e o significado de tantos títulos de Nossa Senhora. Aos poucos a gente foi entendendo, principalmente na catequese, que todos esses títulos e invocações se referem a uma e mesma Virgem Santíssima, a Mãe de Deus, a Mãe de Jesus Cristo. Entretanto, já encontrei pessoas que fazem confusão a respeito dos muitos títulos atribuídos a Nossa Senhora.

Origem dos títulos

O escritor Novalis escreveu: "Em mil imagens, ó Maria, eu te vejo representada, mas nenhuma te apresenta como minha alma te vislumbra. Sei apenas que, desde então, o vai-e-vem do mundo como um sonho se esvai e um céu invisível sempre em meu íntimo transluz".

Nossa Senhora é venerada de modos diferentes, pelos homens e mulheres de todos os povos e raças. Uns aprenderam a amá-la e invocá-la sob um título que talvez para outros não diz muito. Outros se acostumavam a invocá-la com o nome do lugar onde ela apareceu. Ainda outros sentiram de maneira particular a proteção de Maria em situações especiais e assim começaram a denominá-la e invocá-la. Desta forma Maria Santíssima foi sendo chamada e invocada de maneira muito variada.

Classificação

Alguns mariólogos procuram classificar os diferentes títulos segundo suas fontes históricas.

1. Há títulos que procuram dizer o que Maria Santíssima é: Mãe de Deus, Mãe de Jesus Cristo, Mãe

Nossa Senhora Auxiliadora

da Igreja, Nossa Mãe, Imaculada Conceição, Medianeira de Todas as Graças etc.

2. Outros títulos exaltam qualidades da Virgem Maria: Mãe Santíssima, Mãe da Misericórdia, Virgem Puríssima, Mãe Admirável.
3. Títulos que lembram fatos da vida de Maria: Visitação, Nossa Senhora das Dores, Nossa Senhora da Glória (Assunção).
4. Títulos que procuram louvar Maria usando figuras do Antigo Testamento. Basta ver as invocações da Ladainha de Nossa Senhora...
5. Muitos nomes e títulos lembram situações humanas nas quais a Virgem Maria interveio: Nossa Senhora Auxiliadora, Perpétuo Socorro, Nossa Senhora da Medalha Milagrosa, Nossa Senhora do Rosário, Nossa Senhora da Paz...
6. Outros títulos foram dados a Nossa Senhora de acordo com os lugares onde ela apareceu e onde ela é venerada de modo particular; Nossa Senhora de Lourdes (França), Nossa Senhora de Fátima (Portugal), Nossa Senhora de Guadalupe (México), Nossa Senhora do Pilar (Espanha), Nossa Senhora de Caravagio (Itália), Nossa Senhora Aparecida (Brasil).

Embora sejam diferentes os títulos dados a Maria Santíssima, todos promanam do único título: Maria Mãe de Jesus Cristo, Filho de Deus. Todos

Nossa Senhora do Perpétuo Socorro

os demais manifestam virtudes ou exprimem aspectos de necessidades dos homens.

DEVOÇÃO MARIANA

Os muitos títulos conferidos a Nossa Senhora manifestam a piedade popular à Virgem Maria. Em cada nação, onde a Igreja está presente, são expressões diversas e nomes diferentes que manifestam a fé e a confiança do povo de Deus em Maria. Cada povo tem suas preferências eclesiais quanto à fé mariana. E há um motivo muito real e justo de tão variado número de títulos e invocações a Nossa Senhora. Por ser Maria também Mãe dos homens, é que ela, cheia de graça e misericórdia, concede a seus filhos e filhas que a invocam com confiança, muitos bens e dons espirituais. Uma invocação da oração da Salve Rainha expressa bem a confiança do povo em Maria: "Salve, Rainha, Mãe de misericórdia, vida doçura, esperança nossa, salve"!

NOSSA SENHORA DE FÁTIMA

Maria faz parte da vida pessoal e familiar. Ela é lembrada nas cantigas e invocada nas orações, muitas vezes comunitárias e mesmo universais. Maria é invocada como "minha mãe" e "nossa mãe". Ela é sentida como próxima, acolhedora, sempre presente e pronta para ajudar.

CONGRESSO MARIANO

Durante o 1º Congresso Mariano, realizado em outubro de 1988, em Santa Maria/RS, apareceram dados interessantes sobre a devoção mariana no Rio Grande do Sul. Por exemplo, das 625 paróquias gaúchas, 212 são dedicadas a Nossa Senhora. Das

NOSSA SENHORA DA ESTRADA

Nossa Senhora Mãe de Deus

168 paróquias da Arquidiocese de Porto Alegre, 97 delas têm o nome de Maria, sob diferentes invocações, e das 84 escolas católicas, 16 levam título mariano e há 30 Congregações Religiosas com sigla mariana.

A Arquidiocese de Santa Maria é, por excelência, mariana. Só na cidade ela conta com seis paróquias dedicadas a Nossa Senhora. Das capelas, 188 são marianas, destacando-se os seguintes títulos: Aparecida (25), Fátima (23), Nossa Senhora das Graças (17), Nossa Senhora do Rosário (16), Medianeira (15), Nossa Senhora da Saúde (15) etc. Embora esses dados atualmente possam ter mudado, são muito significativos.

Santuários Marianos

Sabemos que a maioria dos Santuários no mundo são dedicados a algum título de Nossa Senhora, Mãe de Deus. Somente na Itália existem mais de mil Santuários dedicados a Nossa Senhora, com mais de 600 títulos diferentes. Em outras partes do mundo também são centenas os títulos conferidos pela piedade popular a Nossa Senhora e, geralmente, com algum Santuário dedicado a ela. Por exemplo, na Basílica da Anunciação, em Nazaré, na Palestina, existem no seu interior as imagens de Nossa Senhora, padroeira de dezenas de nações. Lá também se encontra a padroeira do Brasil, Nossa Senhora da Conceição Aparecida.

Como em outros países, também no Brasil, os Santuários Marianos são abundantes. Os mais importantes são o Santuário Nacional de Nossa Senhora Aparecida, em Aparecida do Norte, São Paulo, o Santuário-Basílica de Nossa Senhora do Círio de Nazaré, em Belém do Pará.

Ano Santo Jubilar

O ano de 2025, foi declarado pelo Papa Francisco como Ano Santo Jubilar, com o lema: "Peregrinos da Esperança". Como em outros Anos Santos, os Santuários Marianos serão os mais visitados pelos peregrinos.

SANTA LUZIA
A protetora dos olhos

Santa Luzia (ou Santa Lúcia), cujo nome deriva do latim, é muito amada e invocada como a protetora dos olhos, janela da alma, canal de luz.

Conta-se que Luzia pertencia a uma rica família italiana que lhe deu ótima formação cristã, ao ponto de ter feito um voto de viver a virgindade perpétua. Com a morte do pai, Luzia soube que sua mãe queria vê-la casada com um jovem de distinta família, porém pagão. Ao pedir um tempo para o discernimento, acompanhou uma Romaria ao túmulo da mártir Santa Águeda, de onde voltou com a certeza da vontade de Deus quanto à virgindade e quanto aos sofrimentos por que passaria, como Santa Águeda.

Então, ela vendeu tudo, doou aos pobres os resultados da venda de seus bens materiais, e logo foi acusada pelo jovem que a queria como esposa. Este jovem passou a espalhar falsas acusações a Luzia, a fim de expressar seus desejos escusos de dinheiro, bens materiais e casamento. Luzia nunca se rendeu a estes comentários e pressões. Seguiu fiel a seus propósitos de vida e, como reflexo, não querendo oferecer sacrifício aos deuses e nem quebrar o seu santo voto, teve que enfrentar as autoridades perseguidoras até a sua decapitação, em 303, testemunhando com sua morte a sua fé: "Adoro a um só Deus verdadeiro e a ele prometi amor e fidelidade".

Somente em 1894 o martírio da jovem Luzia, também chamada Lúcia, foi devidamente confirmado, quando se descobriu uma inscrição escrita em grego antigo sobre o seu sepulcro, em Siracusa, Ilha da Sicília. A inscrição trazia o nome da mártir e confirmava a tradição oral cristã sobre sua morte no início do século IV.

A devoção à santa, cujo próprio nome está ligado à visão ("Luzia" deriva de "luz"), já era exaltada desde o século V. Além disso, o papa Gregório Magno, passado mais um século, a incluiu com todo respeito para ser citada no cânon da missa. Os milagres atribuídos à sua intercessão a transformaram numa das santas auxiliadoras da população, que a invocam, principalmente, nas orações para obter cura nas doenças dos olhos ou da cegueira, e até mesmo para se obter a adequada e madura visão da vida, da família, e até nos negócios.

Diz uma antiga tradição oral que essa proteção, pedida a Santa Luzia, se deve ao fato de que ela teria arrancado os próprios olhos, entregando-os ao carrasco, preferindo isso a renegar a fé em Cristo.

A arte perpetuou seu ato extremo de fidelidade cristã através da pintura e da literatura. Ela foi enaltecida pelo magnífico escritor Dante Alighieri, na obra "A Divina Comédia", que atribuiu a Santa Luzia a função da graça iluminadora. Assim, essa tradição se espalhou através dos séculos, ganhando o mundo inteiro e permanecendo até hoje.

Para proteger as relíquias de Santa Luzia dos invasores árabes muçulmanos, em 1039, um general bizantino as enviou para Constantinopla, atual território da Turquia. Elas voltaram ao Ocidente por obra de um rico veneziano, seu devoto, que pagou aos soldados da cruzada de 1204 para trazerem sua urna funerária.

Santa Luzia é celebrada no dia 13 de dezembro e seu corpo está guardado na Catedral de Veneza, embora algumas pequenas relíquias tenham seguido para a igreja de Siracusa, que a venera no mês de maio também.

Fonte: Canção Nova Notícias

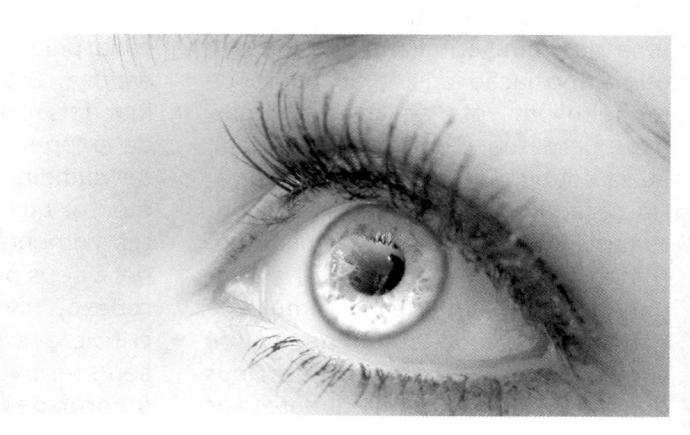

REZAR... ORAR...
ISSO AINDA FAZ SENTIDO!?

Atribui-se a ao famoso escritor britânico C.S. Lewis, criador do universo literário de Nárnia, uma frase que descreve muito bem o que rezar significa para muitas pessoas. "Rezo porque não posso evitar, rezo porque estou desconsolado, rezo porque a necessidade de fazer isso flui de mim o tempo todo, acordado ou dormindo. Rezar não muda Deus. Me muda".

Hilary, ouvinte do programa de ciência da BBC Crowdscience, sente algo semelhante quando reza sentada no tronco de uma árvore ou fazendo uma caminhada: "Quando rezo, sinto uma conexão com Deus. Mas a oração tem muitas variações. Pode acontecer na calma de um momento e pode ser sem palavras, e há vezes em que pode ser uma oração em grupo na igreja."

Mas ultimamente, quando se senta para rezar, uma pergunta vem à cabeça: "Como rezar afeta o cérebro e o bem-estar mental?"

A equipe da BBC Crowdscience consultou especialistas para tentar entender o que acontece no cérebro das pessoas que rezam e saber se esse mecanismo está necessariamente relacionado a crenças religiosas, ou se talvez possa estar presente naqueles que meditam ou levam uma vida criativa.

Quando entramos em oração, o lobo frontal é ativado. Mas na oração profunda, a atividade do lobo frontal diminui novamente.

O CÉREBRO

O neurocientista Andrew Newberg, diretor de pesquisa do Instituto Marcus de Medicina Integrativa da Universidade Thomas Jefferson, nos Estados Unidos, dedica-se a estudar os efeitos da oração e de outras práticas religiosas no bem-estar mental de seus pacientes.

Por meio de ressonâncias magnéticas, sua equipe conseguiu ver as áreas do cérebro que são ativadas no momento em que uma pessoa está rezando. "Uma maneira comum de rezar é quando uma pessoa repete uma oração específica várias vezes como parte de sua prática. E quando você faz uma ação como essa, uma das áreas do cérebro que é ativada é o lobo frontal", explicou o especialista à BBC.

Isso não surpreende, já que o lobo frontal tende a se ativar quando nos concentramos profundamente em uma atividade. O que surpreende Newberg é o que acontece quando as pessoas entram no que sentem como oração profunda. "Quando a pessoa sente que a oração está quase tomando conta dela, por assim dizer, a atividade do lobo frontal realmente diminui. Isso ocorre quando o indivíduo relata sentir que não são eles que estão gerando a experiência, mas que é uma experiência externa que está se passando com ele".

A oração profunda também gera uma redução na atividade no lobo parietal, na parte mais traseira do cérebro. Essa área recebe informações sensoriais do corpo e cria uma representação visual dele. Newberg diz que uma redução na atividade do lobo parietal poderia explicar os sentimentos de transcendência reportados por quem reza profundamente: "À medida que a atividade nessa área diminui, perdemos o senso do eu individual e temos esse senso de unidade, de conexão".

Uma questão de fé?

Para muitas pessoas, rezar faz com que elas se sintam parte de algo além de si mesmos, uma sensação que é comum a quem medita. Para Hillary, a explicação de Newberg faz sentido, e a relaciona com o que sente quando reza: "Suponho que o sentimento de perder o senso de eu individual tenha a ver com essa conexão que sinto com Deus quando estou em oração contemplativa".

Mas rezar é uma experiência imensamente pessoal: se para Hillary ela pode acontecer sentada em um tronco de árvore ou em uma caminhada na natureza, para outros, pode ser em um diálogo em voz alta com Deus, no silêncio absoluto ou mesmo no canto.

Práticas semelhantes à oração, mas sem qualquer fundamento religioso, poderiam produzir os mesmos efeitos sentidos por aqueles com crenças profundas? Para Tessa Watt, especialista em práticas de meditação e mindfulness (compenetração) que já trabalhou com centenas de clientes, esse estado pode ser alcançado, concentrando a atenção no presente e nas sensações que experimentamos. "Acredito que tanto o ato de rezar quanto o mindfulness ajudam a tranquilizar uma pessoa, para que ela tenha mais tempo para si mesma e também ative o sistema nervoso parassimpático".

O sistema nervoso é composto por dois sistemas autonômicos distintos que controlam a maioria das respostas automáticas do corpo. Por um lado, o sistema simpático regula as chamadas respostas de "luta ou fuga", aquelas que exigem que o corpo reaja rapidamente a uma ameaça. Por outro lado, as tarefas relacionadas ao "descanso e digestão" ficam a cargo do sistema parassimpático.

"Isso significa que, ao praticar mindfulness, você aprende a acalmar sua resposta de luta ou fuga, tornando-se mais eficiente no controle de suas emoções" (Watt).

Relação com Deus

Alguns especialistas dizem que o relacionamento com nossos cuidadores pode ter um efeito sobre como vemos outros relacionamentos, incluindo aquela que temos (ou não) com um deus. Para algumas pessoas que crescem em ambientes fortemente religiosos, o relacionamento com um deus pode refletir nas relações emocionais com pessoas do entorno, disse à BBC o pesquisador

Blake Victor Kent, sociólogo do Westmont College, na Califórnia. "A oração pode ser benéfica, mas você tem que levar em conta diferentes fatores, especialmente como você se conecta com Deus emocionalmente".

Blake era pastor e hoje estuda o impacto que a religião tem na vida das pessoas. "Se você vem de um ambiente onde há dificuldade em confiar nos outros, rezar com certeza será mais difícil para você". Para entender isso, devemos falar sobre a teoria do apego, da psicologia: é a ideia de que a relação que os seres humanos têm com seus cuidadores primários define o tipo de relacionamento que eles terão no futuro.

A teoria diz que se você teve um cuidador presente e confiável quando criança, com certeza formará laços adultos "seguros". Se teve um cuidador inconsistente será difícil estabelecer relações de confiança quando adulto. A confiança é fundamental para o desenvolvimento da fé. Isso pode tornar muito difícil para alguns gerar um relacionamento íntimo com Deus e, se vivem em um ambiente muito religioso, podem se sentir culpados por não serem capazes de desenvolvê-lo.

Blake se define como uma pessoa ansiosa que sofreu muito durante sua carreira como pastor porque sentia que havia algo que ele não fazia bem quando rezava. "E acho que o mesmo acontece com muitas pessoas em congregações religiosas, o que as faz sentir que estão fazendo algo errado ou que Deus está chateado com elas, quando rezam e veem que não obtêm os mesmos resultados que todos ao seu redor".

Embora ter uma relação de insegurança com Deus possa ser prejudicial, Blake diz que entender de onde essa insegurança vem pode ajudar. Além disso, os vínculos podem ser modificados por meio da psicoterapia, algo que pode ser positivo para a saúde mental de maneira geral.

ATIVIDADES CRIATIVAS

Alguns estudos mostram que a improvisação musical também diminui a atividade no lobo frontal do cérebro. Segundo o neurocientista Andrew Newberg, sua pesquisa revela que há outros tipos de momentos em que as imagens do cérebro são notavelmente semelhantes às da oração profunda em ressonâncias magnéticas. "Houve estudos muito interessantes de músicos muito bem treinados que, quando começam a improvisar, diminuem a atividade de seus lobos frontais, e é quase como se a música chegasse até eles da mesma forma que certas pessoas sentem que Deus vem até elas. A criatividade pode ser uma prática profundamente espiritual para muitas pessoas, tenham elas uma vida religiosa ou não. E acho que as duas coisas estão relacionadas, porque o cérebro não tem uma área designada apenas para religião".

Newberg explica que os centros emocionais de nossos cérebros são estimulados por meio de experiências transcendentais, seja falando com Deus ou ouvindo a Nona Sinfonia de Beethoven. "E, claro, com práticas religiosas e espirituais está mais do que provado que funcionam, se considerarmos a enorme quantidade de tempo que têm sido usadas por humanos e como elas persistem para além de mudanças políticas ou tradições culturais".

Depois de ouvir os especialistas, Hillary disse à BBC que consegue entender melhor suas experiências e como elas se relacionam umas com as outras. "Consigo reconhecer que tenho uma experiência parecida, mas diferente, através de todas essas atividades. Quando eu rezo, tenho uma conexão com Deus. Mas quando eu canto e tenho uma sensação semelhante, é uma conexão com a música".

"Posso dizer que tanto quando falo com Deus, como quando canto com o coral, sinto como algo espiritual" *(Pesquisa Livro da Família).*

CHAMADOS À CONVIVÊNCIA COMUNITÁRIA

Pe. Sereno Boesing, sj
*Rede Mundial do Oração do Papa/AO,
Assistente Eclesiástico do Conselho
Arquidiocesano dos Movimentos de
Apostolado Leigo (CAMAL)*

Chegado aos 30 anos, Jesus deixa sua casa. Faz-se pobre, peregrino, percorre vilas e cidades, povoados e campos. Incansavelmente anuncia, a todos, independentemente das circunstâncias, a Boa Nova do Reino (cf Lc 4). Promove encontros e reuniões para ensinar e anunciar que o tempo urge, que a messe é grande, e os operários são poucos (cf Lc.10,2).

Jesus convida pessoas para segui-lo, ficar com Ele e realizar uma nova missão. Missão que requer conversão, mudança de vida, enquanto houver tempo. Neste modo de ser e proceder de Jesus encontramos as características da vida cristã para o hoje de nossas vidas.

Pertencer à comunidade em que Jesus é o Mestre. Viver como comunidade orientados por Jesus. Cultivar as virtudes da acolhida, da solidariedade, da justiça, da paz e da vida digna para todos. Eis a receita para uma convivência irmanada entre si e todos com Cristo. Nunca esquecendo que sem Ele nada podemos fazer.

Uma comunidade cristã-missionária se renova, se fortalece na proporção direta da convivência com Jesus Cristo. Quanto mais unida a Ele e entre si, mais a comunidade torna-se sinal de transformação.

A comunidade cristã surge, fundamentalmente, do seguimento a Jesus. Seu chamado não é um momento estático, mas dinâmico na vida dos cristãos, onde ocorrem avanços e recuos. Jesus iniciou o processo comunitário no Lago de Genezaré (cf Mc 1) e o concluiu, solenemente, depois da ressurreição: Ide por todo o mundo, pregai o Evangelho a toda criatura (cf Mt 28).

A algumas pessoas Jesus fez chamados diretos. Outras são convidadas por pessoas como João Batista que aponta para o "Cordeiro de Deus". Em outros momentos Jesus age através dos que já os seguem e há os que se apresentam espontaneamente (cf Lc 9,57-58). O chamado é sempre gratuito, livre, generoso e sempre implica num compromisso pessoal.

Jesus nunca escondeu isso e dizia de muitas maneiras que, quem quisesse segui-lo deveria acreditar na Boa Nova, despojar-se e passar a viver uma nova realidade na sua vida pessoal, social e religiosa. É preciso destacar que se trata de uma profunda adesão à Pessoa de Jesus, ao seu Evangelho, seus ensinamentos e estilo de vida.

Estas são as fontes do novo jeito de vida na família e na Comunidade. O novo jeito de ser cristão que exige renovar-se sempre, acomodar-se nunca.

Na escola do Mestre é contínua a busca pelo Reino de Deus. Deste Reino Ele foi, é e será sempre o perfeito modelo a ser imitado. Quem entra nessa dinâmica, sempre está em processo de renovação.

Renovar-se com Ele e por Ele em todas as situações. Nas alegrias e esperanças, nas tentações e discórdias, nos conflitos e nas perseguições. Situações que, segundo o testemunho dos Evangelhos, fizeram as comunidades crescer em virtudes.

Jesus deve ser sempre a referência ideal em nossa vida. Sua ressurreição é a confirmação absoluta e eterna de que Jesus Cristo tinha e tem razão. São Paulo proclamou isso de viva voz a partir de sua experiência pessoal: Vivo, mas já não sou eu que vivo, é Cristo que vive em mim (Gal. 2,20). Paulo é porta-voz de uma comunidade renovada. Identificada com Jesus vivo, a comunidade é sinal/sacramento do Reino no meio da humanidade.

A formação de uma comunidade cristã sempre deve ter como referência central e básica a Missão de Jesus, sua Paixão, Morte e, principalmente, sua Ressurreição. Para isso é preciso sempre voltar ás origens para, atentamente, verificar como Jesus iniciou e com quem.

Os integrantes da comunidade de Jesus eram pessoas simples, do povo (cf At 4,13), homens e mulheres, pais de família (cf Lc 8,23-), pecadores e publicanos (cf Mc 1,16 e Mt. 9,9), artesãos e agricultores. Alguns eram de movimentos populares, como o caso de Simão (cf Mc 3,18), ou movimentos revoltosos (cf Lc 9,54). Outros, com problemas morais, como Madalena (cf Lc 8,2). Havia alguns mais ricos ou com melhor formação, como João (Lc 8,3), Nicodemos (Jo 3), José de Arimateia (cf Jo 19).

A formação dessa comunidade não era tarefa simples. Jesus chegou a rezar noites inteiras em diálogo com o Pai. Manter os membros unidos na causa comum, pessoas com diferentes mentalidades, algumas nada "santas", era um enorme desafio. Tinham suas virtudes e defeitos, como hoje. Às vezes Jesus até perdia a paciência. Mas Felipe, há tanto tempo estou com vocês e ainda não me conheces (Jo 14,8)? Outros exemplos: Natanael, um bairrista que defendia seu chão; Tomé, um desconfiado "cabeça dura", capaz de ir contra toda a comunidade (cf Jo

20). Mas foi esta comunidade original o ponto de partida para uma revolução na história da humanidade.

Numa comunidade inserida, em que a todos era oferecida igual oportunidade, não foram decisivos os intelectuais, os gênios, mas a fé na Pessoa de Jesus, no exemplo de sua vida, nos seus ensinamentos, na acolhida e no Amor misericordioso do Mestre. Nesta comunidade todos se respeitam e se acolhem (cf Lc 9,4), e todos, em todas as frentes, se colocam a serviço da vida, do Reino de Deus (cf Lc 10,9). Estava inaugurado um novo tempo, um tempo de ser Igreja para toda a humanidade.

Para renovar a comunidade segundo o modelo inaugurado por Jesus cabem alguns alertas. Podemos enumerar:

1. A tentação do grupo fechado (nosso grupo, nossa pastoral, nosso movimento). Já no tempo de Jesus houve quem agisse em nome de Jesus mas não era "do grupo". Os Apóstolos perceberam e pediram satisfações a Jesus. Jesus, no entanto, deixa bem claro: Deixai... Quem não é contra nós é a nosso favor (Lc 9,59).
2. A tentação da superioridade. Os Samaritanos não acolhem Jesus e os discípulos já pedem fogo do céu para transformá-los em cinza (cf Lc 9,54). Com esta proposta revelam a ideia de "povo privilegiado; povo eleito". Mas Jesus os repreendeu, dizendo que não sabiam que espírito os animava...
3. A tentação do prestígio e concorrência. A discussão em torno dos primeiros lugares (cf Mc 9).

Mentalidade de domínio. Jesus ensinou o contrário: o primeiro seja o último e servidor de todos. O exemplo do Mestre foi radical: Eu não vim para ser servido, mas para servir (cf Mc. 10).
4. A tentação de discriminar. As crianças, na época de Jesus, não tinham vez nem espaço. Afastá-las? Pelo contrário: Deixem vir a mim as crianças (Mc 10,4). Jesus as coloca à nossa frente como modelos de vida: Quem não se tornar como um destes pequeninos não entrará no Reino dos céus (cf Mc 10).

Perante estas e outras tentações possíveis, nunca é demais recordar a necessidade de voltar-nos, continuamente, a Jesus, que iniciou e sustenta toda nossa história da salvação.

Formada a comunidade, permanece a necessidade de conscientizar-nos da importância de atualizar-nos para mais e melhor produzirmos frutos na missão. O Espírito do Senhor está sobre mim, porque me ungiu para anunciar a Boa Nova aos pobres, a recuperação da vista aos cegos, restituir a liberdade aos oprimidos e proclamar um ano da graça do Senhor (Lc 4,18-19).

Esta missão, que Jesus recebeu do Pai, é a mesma que a comunidade recebeu de Jesus: Como o Pai me enviou, eu envio vocês (Jo 20,21. Não basta nós estarmos bem, viver numa comunidade bem organizada, participativa e celebrativa; como discípulos-missionários somos desafiados a colaborar para que outros cristãos e cristãs também possam viver em comunidades organizadas, onde possam vivenciar sua fé comprometida com um mundo mais justo e solidário, sonho do Senhor Jesus, há dois mil anos.

SAÚDE E VIDA

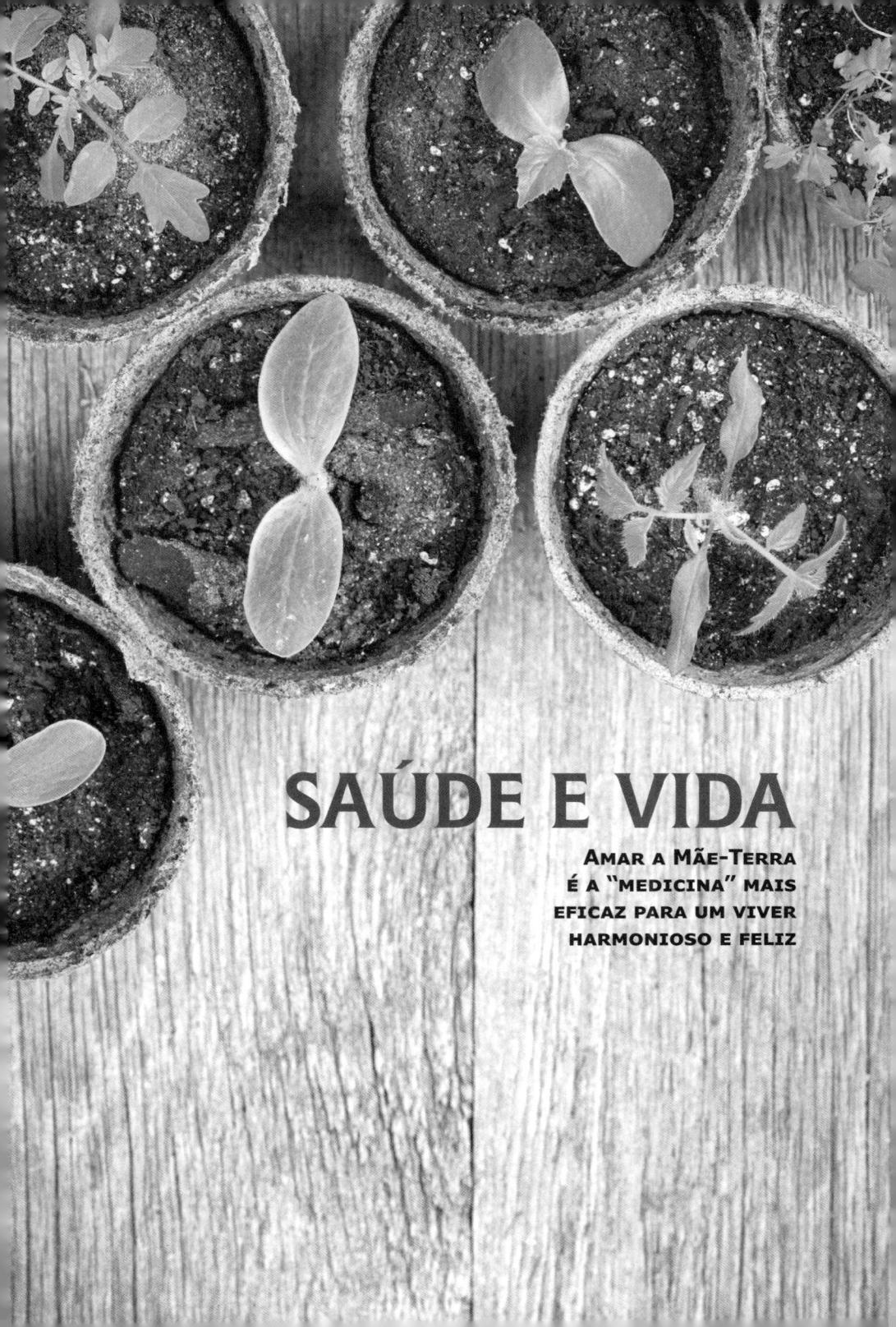

Amar a Mãe-Terra é a "medicina" mais eficaz para um viver harmonioso e feliz

Você pensa que cachaça é água...

Sentados à mesma mesa, bebendo umas que outra há horas, os dois começam um "diálogo muuuito pessoal":
- Onde é que você mora? —
- Eu moro aqui na rua do lado...
- Ah, vá... Eu também! Mas nunca te vi por aqui...
- Minha casa é a da esquina com jardim na frente...
- Tá de brincadeira! A minha também é na esquina com jardim na frente...
- A minha é aquela amarela... número 743.
- Espera lá! Mas essa é minha casa!!
- Mas não é mesmo, é muito minha!

Meio tropeçando nas pernas, eles saíram e foram os dois na direção da tal casa amarela. Chegando lá...
- É aqui que eu moro!
- Tu tá é doidão! Quem mora aqui sou eu!
- Se tô falando que moro aqui é porque eu moro aqui!
- De jeito nenhum! Está me chamando de mentiroso?

E já estavam partindo para as "vias de fato" quando a porta se abriu e uma mulher aparece furiosa e diz: —
- Bonito, né!? Pai e filho, bêbados, discutindo no portão!!!

Há relação entre Espiritualidade e Saúde?

Arthur Fernandes
Médico de família e comunidade, membro do Grupo de Trabalho de Saúde e Espiritualidade e do Grupo de Trabalhos de Cuidados Paliativos da SBMFC

O encontro clínico é um momento único, onde duas singularidades se expõem: profissional e pessoa. Na consulta, como costumamos chamar, são colocadas queixas, problemas, fragilidades e angústias perante à vida: questões relacionadas a doenças do corpo, transtornos mentais, problemas sociais e, por último, mas não menos importante, sofrimentos de cunho religioso e/ou espiritual.

A espiritualidade pode ser definida como uma dimensão da humanidade, podendo ser expressa por meio de crenças, valores ou práticas, representando a busca do indivíduo por conexão e transcendência, seja através de amigos, família, trabalho, animais, natureza ou qualquer coisa considerada sagrada.

Como é possível perceber, trata-se de um conceito bastante amplo e abstrato. Um pouco mais próximo da nossa experiência cotidiana e concreta está a religião. Esta experiência é um conjunto de símbolos, dogmas e práticas convenientemente adotadas por uma certa comunidade como forma de expressão de sua vinculação com o que acredita ser sagrado. Evidentemente, cada pessoa pode expressar sua religião de maneira particular. A essa manifestação singular de cada um, que pode ser mais ou menos intrínseca, e mais ou menos organizacional, dá-se o nome de religiosidade.

Como elemento estruturante da experiência humana, a espiritualidade está ligada a manutenção e fortalecimento da saúde física, mental e social, havendo estudos, cada vez mais qualificados nas últimas três a quatro décadas, apontando benefícios diretos como redução de estresse, ansiedade e depressão, uso de substâncias e tentativas de suicídio, além de melhor qualidade de vida e prognóstico psiquiátrico, bem como aumento da expectativa de vida global em até sete anos adicionais e diminuição do estresse oxidativo, contribuindo para enfrentamento às neoplasias e doenças degenerativas, como o Alzheimer. Não obstante, há diversos impactos indiretos da espiritualidade e religiosidade, como o aumento da resiliência – isto é, estratégias subjetivas para lidar com os desafios da vida -, do convívio social e de uma visão positiva do mundo, compartilhada por uma comunidade que pode oferecer suporte.

Na consulta, a abordagem da espiritualidade pode ser realizada de forma natural, sendo facilmente investigada dentro da história social da pessoa e da família, se for necessário seguir uma padronização para a entrevista. De uma forma geral, é importante considerar as prioridades de cada pessoa a cada consulta, se possível construindo tais prioridades de forma compartilhada e, sendo a espiritualidade e/ou religiosidade uma delas, aproveitar tais oportunidades. É fundamental conhecer a fé ou crença do indivíduo, identificando se há uma ou mais crenças ou valores definidos e se eles se restringem a uma ou mais religiões formais. Também é mister entender a importância da espiritualidade dentro da vida da pessoa, se se trata de uma fonte de apoio ou não, se há dúvidas ou angústias espirituais relacionadas a eventos da vida e se, por exemplo, a pessoa levaria a espiritualidade em conta na tomada de uma decisão sobre sua saúde. Ainda se faz necessário investigar se há uma comunidade de apoio para essa pessoa, isto é, outros com os quais ele compartilha sua fé e valores, com quem desenvolve práticas e rituais e onde pode obter apoio ou suporte em situações difíceis. Por fim, mas não menos importante, é interessante questionar se o indivíduo tem preferência por algum líder espiritual ou religioso, ou alguma pessoa ou grupo que lhe traga elementos espirituais de forma salutar e confortável.

Nos últimos vinte anos, os estudos sobre espiritualidade e religiosidade e sua influência na saúde humana ganharam maior volume e qualidade científica, estimulando suas discussões a nível de graduação e pós-graduação. Hoje, já há mais de quarenta ligas acadêmicas desenvolvendo atividades em instituições públicas ou privadas no país, além de algumas dezenas de cursos de medicina (e de outras áreas da saúde) que contam com disciplinas (obrigatórias ou opcionais) que abordam a espiritualidade e alguns programas de pós-graduação em saúde e espiritualidade, a nível de especialização *lato sensu*.

A abordagem da espiritualidade pelo médico pode fortalecer o vínculo e a sensação de conexão do paciente, uma vez que ele entende que essa parte de sua vida também é importante para o profissional. Confiança, sensação de atenção às necessidades e valorização das prioridades são melhoradas na relação. As necessidades espirituais do paciente podem, inclusive, estimular o médico a olhar para si, voltando-se ao autoconhecimento e elaborando suas próprias questões.

Ao longo da vida, as ameaças à integridade individual ou mesmo fatores que afetam o equilíbrio da pessoa mudam de tom. Sejam transições em ciclos de vida, separações, chegada de filhos, perdas de emprego, mudanças de cidade, doenças agudas ou crônicas, todos podem afetar o indivíduo e exigir respostas mais ou menos adaptativas à nova realidade. No caso de doenças graves e ameaçadoras à vida, como cânceres avançados, insuficiência cardíaca, doença pulmonar crônica, hepatopatias, lesões neurológicas extensas, dentre outros, a perspectiva de recuperação da vida como era antes se perde. Nessa trajetória com a doença, os encontros com novos médicos e tratamentos, as recuperações, os internamentos e as intercorrências e o medo da morte simbolizam "pedras" no caminho.

Em situações extremas, quando se esgotaram os recursos da medicina para curar a doença e a finitude é esperada, é natural que as pessoas busquem amparo e consolo junto às suas crenças e valores mais preciosos. Nesse contexto, pacientes, famílias e profissionais são desafiados a acolher a finitude com humildade e preparar-se para um dos momentos mais difíceis da vida, a despedida, com dignidade. A espiritualidade e a religiosidade em pessoas com doenças graves e sob cuidados paliativos também estão associadas a melhor compreensão da finitude, aceitação da realidade e exercício da autonomia no viver, com qualidade, o tempo que for possível.

O médico de família e comunidade, habituado ao acompanhamento longitudinal da população, pode encontrar maior facilidade para abordar a espiritualidade ao longo dos encontros clínicos, compreendendo que há benefícios objetivos para a consulta presente (vínculo e confiança) e para o futuro (entendimento da pessoa como um todo e planejamento dos cuidados), além de estímulo ao próprio engajamento comunitário e ao autoconhecimento, refletindo sobre suas necessidades espirituais, resiliência e qualidade de vida.

Benefícios da Banana da Terra

- Reduz a pressão arterial;
- Melhora a digestão;
- Elimina verrugas;
- Fortalece os ossos;
- Combate o tabagismo;
- Reduz o estresse;
- Previne a "doença da manhã" (enjoo matinal de gestantes);
- Combate a depressão;
- Ameniza câimbras e dores musculares;
- Melhora a visão;
- Normaliza os batimentos cardíacos;
- Combate a anemia;
- Controla os níveis de açúcar no sangue;
- Fornece mais energia e disposição para as atividades do dia a dia.

Então... vamos comer mais bananas!!!

PACIÊNCIA:
APRENDER A RESPIRAR MELHOR

Dom Jacinto Bergmann
Arcebispo Metropolitano da Igreja Católica de Pelotas.

Conta-se: *Buda e seus discípulos decidiram empreender uma jornada durante a qual atravessariam vários territórios e cidades. Um dia, no qual o sol brilhava com todo o seu esplendor, viram ao longe um lago e pararam para matar a sede. Na chegada, Buda se dirigiu ao seu discípulo mais jovem e impaciente: – "Tenho sede. Você pode me trazer um pouco de água daquele lago"? O discípulo foi até o lago, mas quando chegou percebeu que um carro de bois começou a atravessá-lo e a água, pouco a pouco, ficou turva. Após esta situação, o discípulo pensou: "Não posso dar ao mestre esta água barrenta para beber". Então ele voltou e disse a Buda: – "A água está muito lamacenta. Não acho que podemos bebê-la". Buda não respondeu, mas também não fez nenhum movimento. Depois de um tempo, ele pediu ao discípulo para retornar ao lago e trazer água para ele. Este, como não queria desafiar seu mestre, foi até o lago; é claro que ficou furioso, pois não entendia por que tinha que voltar se a água estava lamacenta e não podia ser tomada. Ao chegar, ele observou que a água mudou de aparência, parecia boa e estava cristalina. Então, ele pegou um pouco e a levou para Buda. Ele olhou para a água e disse ao seu discípulo: – "O que você fez para limpar a água"? O discípulo não entendeu a pergunta, ele não tinha feito nada. Então, Buda olhou para ele e explicou: – "Você esperou e a deixou parada. Desta forma, a lama se assentou sozinha e você teve água limpa. Não seja impaciente. Pelo contrário, seja paciente".*

Parece que apenas sabemos medir o tempo pelo relógio e pensando que não temos tempo a perder. O tempo do relógio é regulado por uma máquina. É neutro e inodoro, isento e uniforme, corre inalterável, dirige-se sempre para frente, indiferente às ingerências do presente e do passado. O tempo do relógio é descomplicado e contínuo, capaz de estabelecer, a qualquer preço, a sua progressividade. É um tempo sem vínculos que estabilizam, sem sentimentos que atrasam, sem raízes que maturam. O pensador e poeta português, José Tolentino Mendonça, afirma: "O tempo do relógio não é exatamente um tempo humano". Mesmo assim, fazemos do triunfo do tempo do relógio uma espécie de interdito civilizacional.

O exercício da paciência começa pela aceitação esperançosa da vida.

Ela nos coloca face a face com a vulnerabilidade, tanto a própria quanto a dos outros. Sentimo-nos, ainda, distantes das nossas metas, não gostamos de tudo o que encontramos em nós e à nossa volta, percebemos que há um trabalho de transformação que deve prosseguir ou mesmo ser intensificado. Não se deve confundir paciência com indecisão, passividade, escassa coragem e ânimo empreendedor. Pelo contrário: paciência é, sim, audácia de não se deixar instrumentalizar pela precipitação ou se bloquear pelo temor. Paciência, sim, é investir ativamente o nosso tempo na gestão das expressões complexas e inesperadas da vida, mas fazendo-o com sabedoria, serenidade e atitude construtiva. Um dos maiores pensadores de todos os tempos, São Tomás de Aquino, explicando a paciência, dizia que "ela é a capacidade de não desesperar".

O agricultor não escava desesperado a terra atrás da semente que ali deixou, mas aparta-se dela sabendo que há um tempo necessário de separação para que a semente, no seu ritmo, possa crescer e frutificar. A paciência é atenção à singularidade e à oportunidade de cada tempo, plenamente conscientes de que a existência se constrói com realidades muito diversas: situações de proveniência diversa, memórias heterogêneas, fragmentos disto e daquilo, caligrafias inesquecíveis, pegadas que prosseguem lado a lado mesmo visivelmente desiguais. A nossa unidade pessoal, a nossa comunhão com os outros e a nossa relação com Deus só se realizam no encontro inesperado do diferente: por uma via demorada de escuta, de disponibilidade, de efetivo reconhecimento, de partilha e, por fim, de encontro. A maior parte do tempo habitamos o inacabado. A paciência, então, é a arte de acolher o inacabado e, a partir dele, partir para uma ação incessante de ressignificação: um trabalho de reconciliação.

Giacomo Leopardi, escritor italiano, lembrou, de forma um pouco irônica, que "a paciência é a mais heroica das virtudes, precisamente por não possuir aparentemente nada de heroico". Nessa linha, o próprio termo grego para paciência, *makrothymia*, descreve fundamentalmente "um modo de respirar". Assim, a paciência é respiração longa, distendida e aberta, bem ao contrário do nosso respirar ofegante e férreo. Talvez tudo o que tenhamos que aprender a fazer, seja isto: **respirar melhor**.

CELULAR
Use com moderação

Hoje quase todas as pessoas utilizam celulares. Até mesmo crianças de seis, sete anos. Mas, afinal, o uso excessivo pode fazer mal à saúde? O aparelho realmente produz radiação?

Embora cientistas ainda não tenham total certeza, já foi comprovado que os celulares produzem radiação, sim, mas isso não é motivo para se preocupar e abandonar o seu aparelho. O fato mais importante que você precisa saber é que, em alguns casos, o sinal produzido pelo telefone pode ser muito forte e até perigoso, mas também pode transmitir sinais muito fracos e inofensivos. Por isso, é importante saber quando isso pode acontecer e qual a melhor forma de se proteger e evitar danos à sua saúde.

Os pais devem ficar muito atentos a essas informações, pois precisam evitar que as crianças não sejam expostas aos sinais de radiação no período de crescimento. Aqui vão algumas dicas:

1. Quando não estiver usando o celular, mantenha-o longe do seu corpo, na maior distância possível.
2. Ao utilizar o aparelho, opte por usar fones ou coloque no viva-voz.
3. Nunca pressione o celular no ouvido. A energia dos sinais de radiofrequência (RF) é inversamente proporcional à distância da fonte, ou seja, quando você o aproxima, são grandes as chances de absorção desta energia.
4. Diminua a duração das chamadas. Caso queira conversar por longo tempo, opte pelo telefone comum, se possível.
5. Você pode optar também pela mensagem de texto, o SMS, e assim não precisa aproximar o aparelho da sua cabeça.
6. Use o celular em algum local onde o sinal esteja bom. Se o sinal está fraco, o aparelho automaticamente aumenta os sinais de transmissão para completar ou melhorar a chamada. Se estiver em um lugar onde o sinal está bom, faça a ligação e evite andar de um lado para outro.
7. Metal e água são fortes condutores de ondas transmissoras, por isso evite o uso de celular se estiver usando óculos com armação metálica ou após o banho, com os cabelos molhados.

8. Espere completar a chamada antes de usar o fone de ouvido ou aproximar o aparelho da cabeça pois, para fazer a ligação, o aparelho primeiro faz uso de fortes sinais de frequência, que diminuem assim que a pessoa atende. As ondas de radiação são mais fortes durante a chamada.

9. Se o aparelho estiver ligado, não o carregue nos bolsos. Algumas mulheres têm o hábito de colocar próximo ou entre os seios. Não façam isso! Isso pode causar problemas de fertilidade e até no coração. Quando o telefone está ligado, ele automaticamente transmite sinais a cada dois minutos para testar a rede.

10. Pessoas que têm implante médico devem usar o aparelho com uma distância de no mínimo 15 centímetros do implante, principalmente para quem tem pontes de safena.

11. Quando for comprar um celular, verifique se é possível fazer um teste de absorção de energia. Você pode encontrar essa informação na internet, se souber qual aparelho deseja adquirir.

12. A radiação do celular sobe consideravelmente quando utilizado no carro, para que o sinal ultrapasse o material do carro (metal, vidro etc.). Por isso, evite-o usar se estiver dirigindo ou mesmo quando é passageiro *(Redação do LF)*.

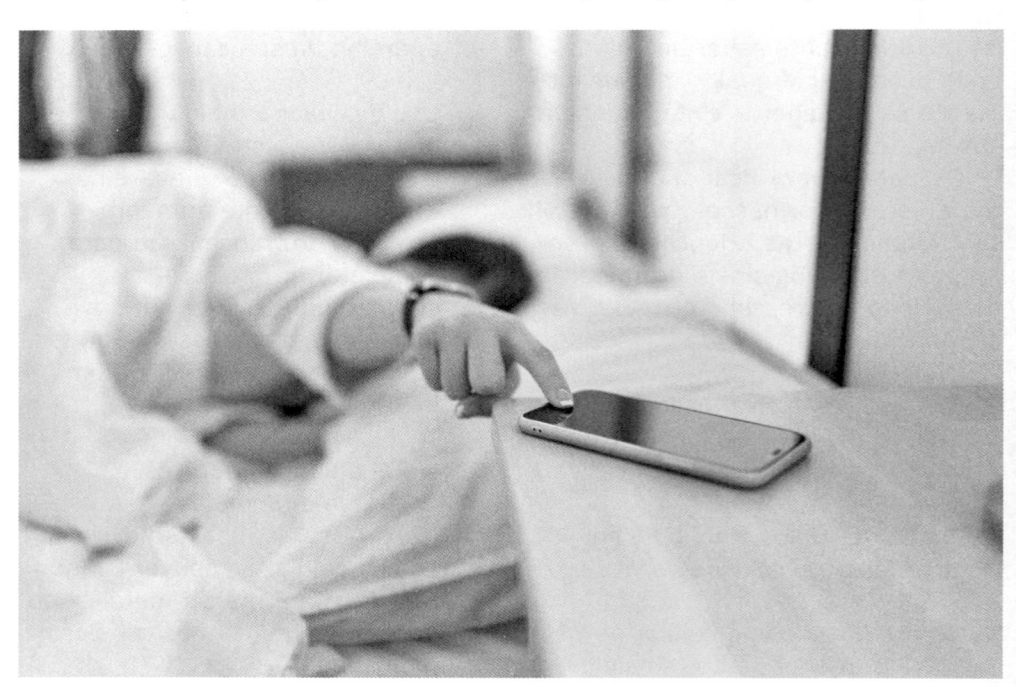

Os pilares do Edifício Face

DR. CARLOS ALBERTO HOMMERDING
CIRURGIÃO DENTISTA, CRO 7973

Muitas vezes, situações normais ou comuns não chamam a nossa atenção em relação a sua importância, e/ou complexidade dos sistemas envolvidos na manutenção e perfeito funcionamento do sistema craniofacial.

A integridade estrutural dos dentes posteriores é uma condição essencial para a manutenção das dimensões verticais da face e também do espaço interno bucal, "a caverna", o oco da boca, onde mora a língua que é a válvula que regula a fonação, a deglutição e também a respiração.

As dimensões verticais são sustentadas pelos molares, dentes que apresentam três raízes, que comparativamente se comportam como as pernas de um mocho, dispostas para suportar alta carga de força, são fundamentais também para proteger o disco articular; uma cartilagem, "uma espécie de colchãozinho", que amortece os movimentos da nossa articulação ao abrir e fechar a boca no ato de falar e mastigar.

Os dentes posteriores molares atuam na sustentação das ações de força mastigatória dos músculos masseter e temporais, músculos estes de extrema potência.

A perda dos dentes posteriores, desorganiza o sistema, pois gera a perda da altura das dimensões verticais da face e da cavidade bucal, permitindo que as forças musculares exacerbem, que se tornem selvagens, sem limites, causando danos à articulação e gerando sintomas como trincas e rachaduras em outros dentes, zumbido no ouvido, estalos e dores articulares e até sensação de barulho como grãos de areia no interior do ouvido, devido a cristais de inflamação e ossinhos em degeneração.

Apesar do apelo estético atual ser muito forte nas redes sociais e meios de comunicação, o apelo pela "fachada" bonita e de bela aparência, o que não é de todo errado, devemos nos preocupar também com os dentes posteriores, "a turma do fundão", aqueles que não aparecem muito, mas prestam um trabalho fundamental na manutenção do equilíbrio de forças que beneficiam o grupo como um todo.

Todos os grupos de dentes têm sua função, os incisivos cortam, os caninos perfuram, os pré-molares amassam e os molares trituram os alimentos, produzindo o bolo alimentar, que misturado com a saliva, integra enzimas que no estômago ajudam a quebrar as proteínas e otimizar o processo digestivo dos alimentos.

A mastigação é também muito importante que seja bilateral, para estimular os músculos de forma simétrica e ativar corretamente as glândulas salivares, devido ao movimento da língua jogando os alimentos de um lado ao outro, sendo recomendada a mastigação de quatro a cinco vezes de cada lado, em dois ou três ciclos, para que os músculos e a língua "ordenhem" as glândulas salivares através de seus estímulos.

Através destes cuidados estaremos propiciando ao sistema corporal humano um processo digestivo ideal e facilitado.

No sistema corporal humano, pequenos detalhes fazem grande diferença, mas é preciso tempo para perceber e implementar estas ações, no dia a dia e com regularidade.

Quero destacar também a importância de uma higienização dental com parcimônia e técnica, através do uso do fio dental que deve ser passado raspando nas laterais dos dentes, para descamar a placa bacteriana, preparando e desengordurando a superfície para receber o produto, que é o flúor do creme dental, que se ligará quimicamente com a superfície do esmalte e da dentina do colo do dente.

É muito importante uma higiene com calma e consciência do que se está fazendo, não no sentido de se livrar logo daquela tarefa, e sim, de saber da importância da manutenção da estrutura dental ao longo da linha do tempo de nossas vidas.

Saber que a superfície daqueles dentes é constantemente atacada e bombardeada por elementos químicos dos alimentos, por ácidos de algum refluxo do estômago, que volta pra boca à noite, quando estamos dormindo, ou que restos de alimentos que foram mal escovados vão fermentar, se decompor e acidificar em contato com os dentes, retirando deles minerais que compõem sua dureza, tornando-os fracos e mais moles.

Restos alimentares que permanecem na boca por má higienização também são substratos de alimentos para o desequilíbrio na população de bactérias na boca, desequilíbrio da flora normal, desequilíbrio ambiental intra-bucal, com danos estruturais ao ambiente.

Sempre digo aos pacientes que o desequilíbrio na Natureza externa ou na nossa Natureza interna, vai causar danos; afinal, é o mesmo mundo, o que acontece lá fora e o que acontece aqui dentro.

Através deste singelo texto, busco informar e fornecer ferramentas, aproveitando este excelente e nobre veículo de informação e comunicação, que atinge inúmeras pessoas, das mais diversas idades. Busco informar, não assustar, mas provocar o leitor e a leitora para que utilize estas informações da melhor maneira possível, buscando mais informações complementares com seu dentista na expectativa de conhecer melhor o sistema corporal humano e preservar melhor esta maravilha da criação divina.

Destacar a importância dos dentes posteriores, os últimos da fila, a turma do fundão, e poder lembrar do que disse o grande Mestre Jesus: "Os últimos serão os primeiros"!

Vamos cuidar! Quem ama, cuida! Quem cuida, tem! Sustentabilidade implica em autocuidado! Ter e manter! Eis a questão! Grande abraço aos amigos leitores do **Livro da Família**!

VAMOS PEDALAR...

EDITORA: ANNA D.

Andar de bicicleta é uma das formas mais saudáveis de exercício. É bom para perda de peso, condicionamento físico geral, cérebro, saúde cardiovascular, força muscular e flexibilidade. Embora as vantagens do ciclismo possam se aplicar a todas as faixas etárias, ele pode ser particularmente útil para adultos mais velhos. É uma atividade de baixo impacto, segura e saudável que pode ajudar os idosos a permanecerem ativos. Na verdade, estudos mostraram que o ciclismo pode retardar o processo de envelhecimento! Vamos descobrir um pouco mais sobre os muitos benefícios do ciclismo para idosos.

1. **É ótimo para sua saúde mental.** Como todas as formas de exercício, o ciclismo pode ajudar a reduzir o estresse e a ansiedade, ao mesmo tempo que melhora o humor e a auto-estima. Isso influencia a liberação e a absorção de substâncias químicas em nosso cérebro que nos fazem sentir bem. Com a idade, nossa saúde mental pode diminuir. Viver no meio de uma pandemia e saber que os idosos são mais vulneráveis ao vírus só deixa os idosos mais ansiosos. Portanto, é mais importante do que nunca para eles começarem a andar de bicicleta. Dirigir-se para o parque próximo de bicicleta não vai apenas fazer seu sangue bombear, mas também é uma ótima maneira de arejar a sua cabeça. Além disso, andar de bicicleta ao ar livre lhe dará uma dose de vitamina D e ar fresco, os quais ajudarão a melhorar seu humor e reduzir os níveis de estresse. No entanto, lembre-se de que você terá que tornar isso uma rotina para colher todos os benefícios do ciclismo.

2. **Pode evitar o declínio cognitivo relacionado à idade.** Andar de bicicleta também pode melhorar a função cerebral. Em um estudo publicado no Journal of Clinical & Diagnostic Research, os pesquisadores observaram que pessoas que passaram pelo menos 30 minutos diários em uma bicicleta ergométrica eram capazes de se lembrar melhor das coisas e também eram capazes de usar o raciocínio e criar estratégias pós-treino. Isso é importante para os idosos porque as pesquisas mostram que, com a idade, o risco de doenças degenerativas cognitivas aumenta. Mas andar de bicicleta regularmente pode ajudar a reduzir os riscos de declínio cognitivo relacionados à idade.

3. **É um exercício de baixo impacto e baixo estresse.** Qualquer forma de exercício moderado, até mesmo caminhada, pode ajudar a aumentar o fluxo sanguíneo em até 15%. No entanto, caminhar ou correr pode não ser a opção ideal

para todos os idosos, pois pode ser extenuante para as articulações. Felizmente, o ciclismo é uma forma de atividade aeróbica de baixo impacto e baixo estresse que os idosos podem facilmente praticar. Ao pedalar, seu corpo se moverá em movimentos suaves, evitando qualquer estresse indevido nas articulações. Apenas certifique-se de mover-se em um ritmo constante e não pedalar muito rápido. Torne isso uma rotina e você poderá desfrutar de todos os benefícios do ciclismo para a saúde por anos sem prejudicar seu corpo.

4. **Ajuda você a perder peso.** O ganho de peso pode ser um grande problema para os idosos, pois tendemos a ser menos ativos com a idade. Isso coloca os idosos em risco de problemas de saúde como diabetes, hipertensão e doenças cardíacas. Andar de bicicleta é uma ótima maneira de manter seu corpo ativo e perder um pouco do peso extra que você pode ter ganho. Quanto mais você pedalar, mais calorias você queima. Assim que começar a percorrer distâncias mais longas, você perderá ainda mais calorias por dia, o que pode realmente ajudá-lo a controlar seu peso. Para obter melhores resultados, tente adicionar outros exercícios de baixo impacto, como natação e ioga, à sua rotina.

5. **Ajuda a desacelerar o processo de envelhecimento.** À medida que envelhecemos, tornamo-nos menos ativos. Isso acelera a taxa de perda muscular e resulta em um envelhecimento mais rápido. Estudos mostram que andar de bicicleta pode aumentar sua expectativa de vida, reduzindo o risco de doenças crônicas. Um estudo com 260.000 adultos conduzido no Reino Unido mostrou que aqueles que pedalam reduziram em 40% o risco de morte por todas as causas relacionadas à velhice e reduziram o risco de câncer e doenças cardíacas em 45%. Outro estudo conduzido por pesquisadores do King's College, em Londres, mostrou que o ciclismo pode não apenas desacelerar o declínio muscular relacionado à idade, mas até mesmo revertê-los. Os pesquisadores realizaram biópsia do músculo vasto lateral - localizado na lateral da coxa - em 125 ciclistas do sexo masculino e feminino. Todos os participantes do estudo eram altamente ativos e tinham idades entre 55 e 79 anos. Tendo estudado as propriedades musculares relacionadas à função aeróbica e potência muscular dos participantes, os pesquisadores descobriram que os ciclistas apresentavam menos declínio muscular relacionado à idade em comparação com aqueles que levavam um estilo de vida sedentário. Além disso, sua massa muscular e força permaneceram intactas no nível do tecido.

6. **Melhora o seu equilíbrio.** A Organização Mundial da Saúde (OMS) estima que cerca de 28-35% das pessoas com mais de 65 anos sofrem uma queda a cada ano.

Os idosos correm um risco maior de cair devido a condições como doenças cardíacas, perda de visão e outras doenças. Andar de bicicleta é o exercício perfeito para melhorar o equilíbrio, pois auxilia no isolamento dos músculos glúteos e estabiliza o seu núcleo. Isso ajudará os idosos a se levantarem da cadeira e evitará que caiam. Andar de bicicleta regularmente também permite que seu cérebro responda rapidamente às mudanças nos arredores. Mais importante ainda, melhora a coordenação e a postura, essenciais para manter o equilíbrio.

7. **É gentil com os joelhos e articulações.** Como mencionamos acima, o ciclismo é uma forma maravilhosa de exercício de baixo impacto que coloca muito pouca pressão na maioria das articulações, em comparação com atividades como corrida ou caminhada rápida, que são de alto impacto e podem forçar as articulações. O ciclismo é ideal para idosos que sofrem de joelhos fracos e problemas nas articulações. O ciclismo permite movimentos regulares e suaves que fortalecem os músculos do joelho sem colocar muita tensão na articulação. E músculos do joelho mais fortes significam menos chance de lesão. Andar de bicicleta pode ser um ótimo exercício para idosos que passaram por uma cirurgia de substituição total do joelho, pois pode ajudar a melhorar a mobilidade do novo joelho. Consulte o seu médico ou fisioterapeuta para se certificar de que o ciclismo é adequado para a sua condição específica.

8. **Mantém seu sistema imunológico jovem.** Nosso sistema imunológico se torna mais suscetível a infecções à medida que envelhecemos. Isso acontece principalmente porque o timo - um órgão que é crucial para o sistema imunológico e produz células imunológicas chamadas células T - começa a encolher a partir dos 20 anos de idade. No entanto, o ciclo pode rejuvenescer o sistema imunológico, descobriu um estudo. Cientistas realizaram testes em 125 ciclistas de longa distância com idades entre 55 e 79 anos e descobriram que seu sistema imunológico era forte porque eles estavam produzindo tantas células T quanto pessoas na casa dos 20 anos, em comparação com um grupo de adultos inativos que estavam produzindo muito poucas. Isso levou os pesquisadores a concluir que atividades físicas regulares, como andar de bicicleta, podem manter seu sistema imunológico jovem e protegê-lo de infecções. Observação: embora andar de bicicleta para idosos seja perfeitamente seguro e tenha muitos benefícios para a saúde, considere suas necessidades físicas antes de incluir essa atividade em sua rotina diária. Se necessário, escolha bicicletas especialmente projetadas para idosos ou pessoas com limitações físicas. Além disso, é muito importante lembrar de tomar as devidas precauções sempre que sair de bicicleta. Então, o que você está esperando? Suba em uma bicicleta e comece a pedalar...

Tristeza ou depressão?

Fontes: Barbara Bastoni dos Santos, psicóloga do Hospital Assunção da Rede D,Or São Luiz (SP); Guido Boabaid May, Licia Milena de Oliveira e Luiz Scocca, psiquiatras.

Estes 10 exemplos mostram claramente a diferença. Há uma linha tênue que separa a tristeza da depressão. Autoconhecimento é fundamental para se dar conta, por exemplo, de que o baixo astral já dura há algum tempo e que o cansaço e a apatia parecem mais intensos do que o normal. Entenda quais são as principais diferenças para saber se precisa buscar ajuda.

1. Definição
Tristeza: é um sentimento.
Depressão: é uma doença.

2. Intensidade
Tristeza: assim como a dor, a raiva e o medo, cada um sente de um jeito.
Depressão: usando a própria experiência com a tristeza como parâmetro, a pessoa percebe que é muito mais intenso. Pensamentos recorrentes: Isso me derrubou, eu não sou assim, achava que era frescura, não consigo pensar ou decidir, só penso em coisas ruins.

3. Motivos
Tristeza: a relação com o evento que a desencadeia é clara. A origem pode ter sido um rompimento amoroso, uma briga com um amigo, uma chateação no trabalho, saudade de uma fase mais feliz... Em alguns dias, simplesmente acordamos com o pé esquerdo. Porém, sempre é possível se recompor, pensar ou fazer outra coisa e espantar a tristeza.
Depressão: pode haver um fator desencadeante, mas muitas vezes não há. Pelo menos, não claramente. A depressão pode aparecer mesmo que a vida da pessoa esteja sem problemas relevantes. Isso não quer dizer que não haja, de fato, razões para estar deprimido. O que pode ou não se perceber é o tal gatilho.

4. Sintomas
Tristeza: nem sempre é fácil distinguir os momentos de cansaço, preocupação e desânimo (reações normais do nosso corpo e da nossa mente às demandas da vida cotidiana) de sintomas depressivos, que seriam reações patológicas ou anormais.
Depressão: caracteriza-se pela presença de um conjunto de sinais e sintomas que se mantêm por pelo menos duas semanas consecutivas, dificultam a capacidade de dar conta do dia a dia e tornam o jeito de ser da pessoa diferente do habitual. Parece que tiraram sua energia e jogaram fora. Nada muda seu humor e a irritabilidade não passa.
Outros sinais: dificuldade para dormir, alterações de apetite, fadiga, perda do interesse pela vida em geral, negativismo, pessimismo, ansiedade elevada e, em alguns casos,

pensamentos suicidas.

5. Duração
Tristeza: em geral, vai embora em até duas semanas.

Depressão: os sintomas não passam. Há casos em que podem até passar, mas sem o tratamento adequado demoram muito mais tempo. Pode levar até anos. E, com muita frequência, os sintomas que parecem ter cessado voltam (recaída). Ou parecem que vão melhorar e redobram de intensidade, algo a que os especialistas dão o nome de recrudescência. O pior dano é a permanência para toda a vida de sintomas que viraram crônicos.

6. Jeito de lidar com o luto
Tristeza: quando há uma perda, a aceitação acontece de maneira mais breve, sendo possível dar continuidade à vida sem grandes prejuízos. Aquela dor da saudade pode permanecer, mas em um nível que não impede a pessoa de seguir em frente.

Depressão: as perdas são mais difíceis para a sua elaboração, prolongando a dor, trazendo a sensação de que aquele episódio é recente, mesmo que seja um luto antigo.

7. Apatia
Tristeza: em momentos de reflexão sobre escolhas na vida, a tristeza pode aparecer quando o caminho a ser trilhado ainda não está bem definido ou decidido, acarretando incertezas.

Depressão: a pessoa não consegue fazer planos e projetos de vida, sejam eles profissionais ou pessoais, carregando a sensação de desesperança e grande vazio.

8. Pensamentos
Tristeza: mesmo numa fase baixo-astral, a pessoa consegue mesclar os pensamentos tristes com ideias construtivas e felizes, cultivando novamente a esperança.

Depressão: o pensamento do deprimido costuma recordar, com mais frequência, momentos nos quais houve desistências, perdas, erros e derrotas. As imagens mentais que surgem se concentram apenas no que foi negativo para a pessoa, gerando culpa.

9. Impacto nos relacionamentos
Tristeza: a pessoa restringe contatos e evita algumas situações sociais. Mas, logo que a tristeza passa, as relações são retomadas.

Depressão: as relações tornam-se mais distantes. A pessoa vai ficando cada vez mais calada, pouco disponível a encontros e bate-papos com as pessoas. Não raro, prejuízos começam a aparecer no trabalho e na família.

10. Tratamento
Tristeza: na infância, pais ou cuidadores suavizam nossa tristeza com beijinhos, abraços e palavras de consolo. Aprendemos a aceitar, enfrentar e superar e usamos esses recursos durante toda a vida. A tristeza também pode ser driblada com lazer, programas divertidos, companhia dos amigos.

Depressão: as causas da depressão, muitas vezes, não são identificadas em um primeiro momento, por isso é importante buscar ajuda profissional. Precisa ser tratada com terapia, medicamentos e mudanças nos padrões de vida. E, em alguns casos, com a orientação da família.

Espiritualidade e Saúde

Marcelo Saad
Doutor em Ciências; Membro do Corpo Clínico do Hospital Israelita Albert Einstein – HIAE, São Paulo (SP), Brasil;
Roberta de Medeiros
Bióloga, Doutora em Fisiologia; Professora titular de Fisiologia do Centro Universitário São Camilo – São Paulo (SP), Brasil

Espiritualidade pode ser entendida como o conjunto de crenças que traz vitalidade e significado aos eventos da vida. É a propensão humana para o interesse pelos outros e por si mesmo. Ela atende à necessidade de encontrar razão e preenchimento na vida, assim como a necessidade de esperança e vontade para viver.

A espiritualidade pode ser forte em pessoas de diferentes religiões, bem como em pessoas com crenças pessoais que não se encaixam em uma religião formal. No sentido oposto, uma pessoa pode ter uma religiosidade forte (frequentando cultos regularmente), mas ter uma espiritualidade pouco desenvolvida (por não vivenciar estes aspectos em seu interior).

A associação entre espiritualidade e saúde está documentada em inúmeras pesquisas científicas. Os primeiros trabalhos nessa área começaram a ser feitos nos anos 1980 e vêm evoluindo em todo o mundo. Há evidências de que pessoas com espiritualidade bem desenvolvida tendem a adoecer menos, a ter hábitos de vida mais saudáveis e, quando adoecem, desenvolvem menos depressão e se recuperam mais rapidamente. Para muitas pessoas, a espiritualidade é uma fonte de conforto, bem-estar, segurança, significado, ideal e força.

Quando um indivíduo se sente incapaz de encontrar um significado para os eventos da vida, como a doença, ele sofre pelo sentimento de vazio e desespero. Porém, a espiritualidade oferece um referencial positivo para o enfrentamento da doença, e ajuda a suportar melhor os sentimentos de culpa, raiva e ansiedade.

Muitos pacientes usam suas crenças para lidar com suas doenças. A cura pode ser influenciada pelo reforço positivista do paciente, e este efeito pode ser tão importante quanto os efeitos do tratamento clínico.

A espiritualidade proporciona crescimento nos vários campos do relacionamento: no campo intrapessoal (consigo próprio), gera esperança, altruísmo e idealismo, além de dar propósito para a vida e para o sofrimento; no campo interpessoal (com os outros) gera tolerância, unidade e o senso de pertencer a um grupo; no campo transpessoal (com um poder supremo), desperta o amor incondicional, adoração e crença de não estar só. Tais atitudes podem mobilizar energias e iniciativas positivas, com potencial para melhorar a qualidade de vida da pessoa.

Pessoas espiritualistas tendem a ser fisicamente mais saudáveis, têm estilos de vida mais benéficos e requerem menos assistência médica.

Observou-se uma relação entre envolvimento espiritualista e vários aspectos da saúde mental, com mais sucesso para adaptação ao estresse. Em muitos estudos, a espiritualidade bem desenvolvida foi considerada um fator protetor para evitar sofrimento psicológico, suicídio, comportamento delinquente e abuso de drogas e álcool.

É sabido que indivíduos com envolvimento espiritualista tendem a enfrentar situações adversas com mais sucesso, e que isto está associado à remissão mais rápida da depressão. Em pacientes internados deprimidos, foi constatado que aqueles com uma forte espiritualidade permaneceram menos tempo no hospital.

A espiritualidade colabora para a melhora da saúde graças a vários fatores. Há um melhor estado psicológico (por trazer esperança, perdão, altruísmo e amor) e, consequentemente, melhor estratégia para lidar com problemas e redução do estresse. Isto gera equilíbrio das funções orgânicas controladas pelo sistema nervoso, como a produção de hormônios e a imunidade.

Outras possíveis explicações de como a espiritualidade pode afetar a saúde:
- respeito ao corpo, pregado por muitas religiões (gerando melhor nutrição e hábitos de vida);
- melhor estado psicológico (por trazer esperança, perdão, altruísmo e amor);
- otimização de vias psiconeuroimunológicas, psiconeuroendócrinas e psicofisiológicas;
- melhor estratégia lidar com/reduzir o estresse.

As doenças relacionadas com o estresse, especialmente as cardiovasculares (hipertensão arterial, infarto do miocárdio, derrame, entre outras), parecem ser as que mais se beneficiam dos efeitos de uma espiritualidade bem desenvolvida.

Entre os numerosos estudos sobre o tema, citamos duas pesquisas brasileiras em pacientes com câncer:
- em mulheres com câncer de mama submetidas à mastectomia, a religiosidade atuou como fator de proteção contra depressão no pós-operatório.
- nos pacientes com câncer, a prática da prece correlacionou-se significativamente com a escala de saúde geral e de funcionalidade; os autores recomendam que a prática da religiosidade não seja desencorajada.

Como conclusão, a associação entre espiritualidade e saúde está documentada em inúmeras pesquisas científicas, pois a espiritualidade contribui para a melhora da saúde graças a vários fatores. Muitos pacientes usam suas crenças para lidar com suas doenças e este reforço positivista pode influenciar na cura do paciente. Atualmente, grandes hospitais gerais no Brasil e no exterior têm oferecido esta abordagem, com resultados satisfatórios.

ALIMENTAÇÃO SADIA

Dizem que o "peixe morre pela boca". Sem criar pânico nem assustar ninguém, se pode dizer: muita gente também...

SINAL VERMELHO

- Carnes gordas e miúdos: Contêm gorduras saturadas, um dos grandes vilões do colesterol. Exemplos: Cupim, costela, contrafilé, pele de aves, fígado, coração e frutos do mar (como lula, camarão e marisco).
- Embutidos: São ricos nas chamadas gorduras invisíveis, um verdadeiro perigo para a saúde. Exemplos: Salame, salsicha, linguiça, mortadela, presunto e torresmo.
- Leite integral e derivados: Também esbanjam gorduras invisíveis. Exemplos: Iogurte, manteiga, queijos amarelos e creme de leite.
- Doces com gordura vegetal hidrogenada: Trata-se da antiga e temida gordura do tipo trans. Exemplos: Folhados, croissants, chantilly, sorvetes cremosos e bolachas recheadas ou amanteigadas.

SINAL VERDE

- Verduras: Ricas em fibras, que reduzem a absorção de gorduras quando chegam ao intestino, colaborando, dessa forma, para o controle do colesterol.
- Frutas: Além de conter fibras, são naturalmente isentas de colesterol, substância presente apenas em alimentos de origem animal.
- Azeite extra virgem: Esbanja gordura monoinsaturada e eleva os níveis do bom colesterol, o HDL.
- Aveia e cereais integrais: Ajudam na eliminação do colesterol ruim, o LDL.
- Peixes de água fria: Têm gorduras poli-insaturadas e reduzem os níveis do mau colesterol na corrente sanguínea.

Por isso, evite:
- Leite integral (tipos A e B)
- Iogurte tradicional
- Manteiga
- Queijos amarelos (prato, muzzarela, parmesão)
- Requeijão e cream cheese
- Carnes gordas e miúdos
- Embutidos
- Frutos do mar (lula, polvo, camarão, marisco, lagosta)

Prefira:
- Leite desnatado ou de soja
- Iogurte desnatado ou light
- Margarina cremosa ou light
- Queijo branco magro (ou frescal), ricota ou cottage
- Requeijão e cream cheese light
- Carnes magras (patinho, lagarto, músculo, filé-mignon, coxão mole e duro)
- Peito de peru ou chester
- Peixes (atum, salmão, merluza, pescada, linguado, sardinha fresca)

(Redação do Livro da Família)

E FINALMENTE

AMAR A MÃE-TERRA É, FINALMENTE, A ÚNICA CHANCE DE VIDA PARA A HUMANIDADE...

Notícias da Causa Padre Reus

As inúmeras manifestações de fé que os fiéis confiam a Deus ao rezarem no Santuário do Sagrado Coração de Jesus e a devoção no Pe. João Batista Reus, SJ, ao visitarem o seu túmulo, são um estímulo para levar em frente a Causa Padre Reus, que já completou 70 anos, em 2024.

Várias etapas do processo já foram concluídas, como a tradução de todos os escritos do Padre Reus e o juízo dos teólogos censores sobre eles. Agora, cabe concluir a biografia documentada e a informação sobre as virtudes. Com relação à biografia, a professora Ângela Molin acabou de elaborá-la, faltando a bibliografia do e sobre o Padre Reus, além da síntese cronológica da vida e atividades do Servo de Deus.

A informação sobre as virtudes exerce um peso significativo no processo de beatificação de um candidato aos altares. Trata-se de relatar o que as testemunhas disseram do Padre Reus no processo informativo, sucedido em Porto Alegre, de 1954 a 1958, e mais tarde, no processo supletivo, em Novo Hamburgo, de 2003 a 2006.

Entram em questão as virtudes teologais (fé, esperança, caridade), virtudes morais (prudência, justiça, fortaleza, temperança), votos (pobreza, castidade, obediência) e humildade. Deve-se mostrar que o Servo de Deus viveu tais virtudes em grau heroico. Este material já foi enviado ao Postulador Geral, em Roma, mas a análise deverá ocorrer só em outubro.

Como houve cerca de 110 depoimentos de testemunhas que conheceram o Padre Reus, há bastantes elementos que comprovam que ele viveu as referidas virtudes além da mediania humana. Acreditamos que a Causa Padre Reus vale a pena ser levada em frente, pois a devoção popular é espontânea, contínua, exercendo um peso significativo em todo o processo de beatificação. Os devotos confessam que o Padre Reus é santo e poderoso intercessor, como mostram os fatos.

Pe. Inácio Spohr SJ
*Colaborador externo
da Causa Padre Reus
São Leopoldo,
17 de julho de 2024*

Atividades pastorais do
Padre Reus
na cidade de Rio Grande

O Padre Reus esteve no colégio dos jesuítas de Rio Grande desde maio de 1901, até 26 de dezembro de 1911. A seguir, o relato das principais atividades do Padre Reus na chamada "Rainha do Mar", conforme foi anotado no Diário da Casa.

10 de maio de 1901: o Padre Reus chegou de São Leopoldo para lecionar aqui, em lugar do P. Agostinho Hettlage, que ficou doente.

14 de dezembro de 1905: o P. João Batista Reus foi empossado superior da casa.

18 de abril de 1906: a pedido do Padre Reus, o Superior da Missão aprovou a mudança do nome da nossa escola. Agora o Colégio Stella Maris será chamado Colégio Sagrado Coração. O Padre Reus aprovou os Estatutos do Colégio Sagrado Coração.

28 de junho de 1906: foi inaugurada uma bomba de água, construída pelo Ir. José Otten, sob a direção do Padre Reus, para remover a água da chuva que se acumulava nos regos da casa, causando danos às plantas.

14.01.1907: o P. João B. Reus relatou que se cultiva bem a vida religiosa. Damos importância à catequese das crianças e pessoas simples.

20.04.1908: os padres João B. Reus e Agostinho Hettlage, que dirigem o Apostolado da Oração em nossa capela, deram retiro para 80 moças, 60 homens, e por fim, para 100 senhoras. Os participantes são operários em grande parte. Em muitos, o fruto não é muito visível. Falta instrução religiosa, mas alguma semente terá sido plantada, que frutificará no futuro, com a graças de Deus.

14.07.1908: O Padre Reus informa que os Metodistas pretendem abrir um ginásio aqui. O ginásio municipal não está bem. Eles têm aqui um seminário para diáconos e pregadores. Se eles abrirem o ginásio, nossa Escola (comercial) não poderá sobreviver porque as famílias querem o ginásio para seus filhos.

26.02.1909: O Padre Reus assumiu a direção do Apostolado da Oração em nossa capela.

28.03.1909: As projeções de "lanterna mágica" sobre a vida e a Paixão de Cristo foram apresentadas no pátio, com explicações do Padre Reus.

25.04.1909: Os padres João B. Reus e Carlos Teschauer deram retiro de oito dias a 100 moças operárias; dez delas fizeram a primeira comunhão. Em maio, a mesma experiência espiritual se estendeu a 60 operários.

31.05.1909: Em maio os padres João Batista Reus e Francisco Hefel deram retiro de nove dias para 45 senhoras, além de um retiro de cinco dias para 100 senhoras do Apostolado da Oração, em nossa capela. Cultivou-se a devoção a Nossa Senhora.

31.10.1909: Primeira Comunhão de 26 meninas em nossa capela. Não podendo vir a professora Adalgisa Aragon, por doença da mãe dela, o Padre Reus, ao harmônio, cantou acompanhado de algumas alunas.

17.04.1910: O Padre Reus deu retiro para 150 homens e senhoras, na capela. A Liga dos Operários, por ele fundada, tem 40 membros.

30.06.1910: Este ano aumentou o fruto do nosso suor apostólico. Em junho, o P. João Batista Reus pregava todos os dias. Em cada 1ª sexta-feira do mês muitos recebiam aqui a comunhão reparadora e todas as quintas-feiras havia em nossa capela hora santa em honra do Sagrado Coração de Jesus.

01.08.1910: **Liga Operária Católica**. Houve em nossa capela retiros como missões: em começo de abril, para operários; depois, para senhora operárias. Esses retiros foram preparados com muito zelo pelo Padre Reus, o qual visitava e convidara cada participante em sua casa. O padre saía, acompanhado por membros da Liga Operária Católica, por algumas semanas, depois da janta, por espaço de uma hora, quando os operários voltavam do trabalho. O tempo era pouco e não muito apropriado, porque os trabalhadores, depois da janta, logo iam dormir. Por dia, visitaram de quatro a oito casas até distribuir os 150 convites. Essas visitas ajudaram a destruir muitas dificuldades e calúnias. O número dos que se inscreveram no retiro foi quase o dobro do ano passado, em alguns dias passava dos 100. A associação acima mencionada, foi fundada há alguns anos pelo Padre Reus e progride lentamente, por exemplo, depois dos retiros mencionados agregaram-se 20 novos sócios. Este ano, cresceu entre os alunos a frequência aos sacramentos com relação ao ano passado.

24.02.1911: O Padre Geral agradeceu ao Padre Reus as informações sobre a vida religiosa em Rio Grande. Elogia o zelo apostólico, o cultivo da devoção ao Sagrado Coração e incentiva a formação da juventude. Houve aumento de comunhões.

14.05.1911: A Liga Operária Católica festejou o 3º aniversário. Houve discursos entusiastas e teatro, atos a que também assistiu o reitor dos Salesianos, louvando a finalidade e utilidade dessa associação.

09.07.1911: Sessão solene da Liga Operária Católica em honra do Padre Reus, que está de aniversário. Esteve presente o P. Artur Castelli, reitor dos Salesianos, que fez o panegírico aos jesuítas.

19.12.1911: Encerramento do ano escolar com distribuição de prêmios. Um vasto programa, em quatro línguas, assinado pelo diretor, P. João Batista Reus.

26.12.1911: P. João Batista Reus partiu para Porto Alegre.

(Ir. Afonso Wobeto, S.J.)

Agradecem ao Padre Reus

- No dia 19 de fevereiro de 2020, realizei uma cirurgia para colocar âncora na mandíbula do lado direito. Eu estava com medo, insegura e pedi muito ao Padre Reus para conduzir tudo da melhor forma possível. Tive alta com muita dor. Ao final da tarde e sozinha no quarto adormeci. Logo em seguida acordei e vi uma claridade amarela; havia um homem ao meu lado direito e conversava com alguém que "estava" ao meu lado esquerdo. Foi muito rápido, mas quando vi este homem pensei: é o Padre Reus e fui invadida por muita tranquilidade e conforto. Não senti medo em nenhum momento. Tentei olhar melhor e já enxerguei o quadro como ele é. A visão tinha se ido. Senti que era ele, tenho certeza que sim. Naquele momento tive certeza da presença dele ao meu lado (**Flávia Vesley Carlin Kehl** - Porto Alegre/RS).

- Me chamo Rosenira, no ano de 1992 fui diagnosticada com varizes esofagianas. Após uma hemorragia por via oral, passei por vários procedimentos cirúrgicos, idas e vindas ao centro cirúrgico (no total 06 vezes), devido a ter sido acometida por uma bactéria no bloco cirúrgico, foi retirado uma parte do meu intestino que estava necrosado. O médico informou que seria a última tentativa, e que, se em 12 horas, a infecção progredisse não haveria mais nada a ser feito. Foi aí que minha vizinha, Dona Célia, pediu com fé ao Padre Reus que me curasse. E hoje vim aqui agradecer pela graça alcançada (**Rosenira M. S. Melo**).

- Em 1995, fiquei com muita dor de cabeça. Após exames realizados em Porto Alegre, foi constatado que não era tumor no cérebro. Fiquei mais de uma semana internada e cheguei a perder quase totalmente a visão. Somente depois de uma ressonância magnética que o médico descobriu uma esclerose múltipla. Ao sair do hospital, subi a escadaria do Santuário Sagrado Coração de Jesus de joelhos e depois ajoelhei-me ao lado do túmulo do Padre Reus e pedi com todas as minhas forças, que ele me curasse, pois tinha um filho de três anos para criar. E o Padre Reus me atendeu. Algum tempo depois, já enxergando e sem dores, repeti a ressonância e a doença tinha desaparecido. Os médicos bem surpresos e confusos, pois segundo eles eu estaria sem poder andar, comer ou falar em três anos. Só tenho gratidão e amor em meu coração. Moro atualmente no Rio de Janeiro e, sempre quando posso, vou ao Santuário do Sagrado Coração de Jesus, em São Leopoldo/RS (**Rose Maria Schwindt Samoul** - Rio de Janeiro/RJ).

- No domingo de Ramos de 2019, meu marido e eu fomos até o Santuário do Sagrado Coração de Jesus, fazer a promessa de ir a pé da nossa casa, em Canoas, até lá quando tivéssemos um filho. Esse filho faria a primeira visita da vida ao Santuário! Por "milagre" o filho veio e cumprimos nossa promessa no Domingo de Ramos de 2023 (**Renata da Cunha Coimbra Pinto** – Canoas/RS).

- Recebi uma graça do Padre Reus quando eu tinha 9 anos de idade. No entanto, devo isso ao Padre Reus e hoje minha mãe não vive mais. Pois bem, eu ainda urinava na cama. Meus pais já haviam me levado ao médico e foram feitos todos os exames para saber se havia algo de errado, no entanto nada foi encontrado. Lembro do médico dizendo à minha mãe que não tinha nada de errado comigo e que eu fazia aquilo para chamar a atenção. Todos os anos minha mãe comprava o *Livro da Família* e eu gostava muito de ler sobre o Padre Reus. Foi quando eu tive a idéia de rezar a novena pedindo a minha cura. Não lembro por quanto tempo eu fiz a oração da novena, mas lembro que em pouco tempo deixei de urinar na cama. Quando contei à minha mãe sobre a graça recebida do Padre Reus, na minha inocência de criança, eu queria também escrever para dar o testemunho da graça, mas ela fez pouco caso. O tempo passou, mas eu nunca esqueci e sempre tive a certeza de que a graça que eu recebi foi pela intercessão do Padre Reus. Sei que não pode ser considerado um milagre, até porque não há exames para comprovar o meu relato. Talvez meu relato possa auxiliar com a causa da beatificação do Padre Reus. A ele minha eterna gratidão e orações porque eu sei o que aconteceu e a mim isso basta. Se quiserem aproveitar meu relato para publicar em alguma edição do Livro da Família, têm a minha autorização (**Claudete Pletsch** – Maratá/RS).

ROMARIA DO PADRE REUS

A 18ª edição da Romaria do Padre Reus reuniu centenas de fiéis na manhã fria e chuvosa de 14 de julho de 2024, uma tradição que se repete sempre no 2º domingo deste mês.

Como em todas as Romarias anteriores, os participantes vieram de toda a região, especialmente de São Leopoldo, Novo Hamburgo e Grande Porto Alegre.

O tema escolhido para este ano foi: **Com o Padre Reus, rumo ao lugar de encontro com a esperança**. A inspiração para o tema vem da celebração dos 200 anos de imigração alemã, que chegaram a São Leopoldo, navegando pelo Rio dos Sinos, que banha a cidade. A temática ganhou ainda mais sentido após as enchentes de maio, que devastaram boa parte de São Leopoldo e grande parte do Estado do Rio Grande do Sul.

O número de pessoas que participaram da Romaria, mesmo com a previsão da inclemência do tempo, chamou a atenção do Reitor do Santuário, Pe. Raimundo Resende SJ: "O povo não vacilou, e se fez presente em número até além do que a gente esperava por causa do tempo", comentou o jesuíta, completando: "Nesta caminhada, continuamos pedindo a Deus a esperança e a força, como Ele concedeu aos primeiros alemães que aqui chegaram, que conceda a nós para reconstruirmos nossas vidas, nossa história e nossa cidade".

A concentração iniciou às 9h, na Praça Tiradentes, em frente à Paróquia Nossa Senhora da Conceição, no Centro da cidade. A procissão de três quilômetros, até o Santuário do Sagrado Coração de Jesus, teve início às 9h30. Durante o percurso, foram entoados cânticos e muitos devotos aproveitaram o momento de reflexão para rezar. Na chegada ao local, houve missa presidida pelo bispo da Diocese de Novo Hamburgo (RS), Dom João Francisco Salm (Fonte: Portal ABC Mais).

Rede Mundial de Oração do Papa
(Apostolado da Oração)

Movimento Eucarístico Jovem (MEJ)

Intenções de Oração do Papa Francisco para 2025

JANEIRO
Pelo direito à educação
Rezemos para que os migrantes, os refugiados e as pessoas afetadas pela guerra tenham respeitado o seu direito à educação, necessária para a construção de um mundo melhor.

FEVEREIRO
Pelas vocações à vida sacerdotal e religiosa
Rezemos para que a comunidade eclesial acolha os desejos e as dúvidas dos jovens que sentem o chamado para servir à missão de Cristo na vida sacerdotal e religiosa.

MARÇO
Pelas famílias em crise
Rezemos para que as famílias divididas encontrem no perdão a cura de suas feridas, redescobrindo, até nas suas diferenças, as riquezas de cada um.

ABRIL
Pelo uso das novas tecnologias
Rezemos para que o uso das novas tecnologias não substitua as relações humanas, mas respeite a dignidade das pessoas e ajude a enfrentar as crises do nosso tempo.

MAIO
Pelas condições de trabalho
Rezemos para que, através do trabalho, toda pessoa se realize, as famílias tenham como sustentar-se com dignidade e a sociedade se torne mais humana.

JUNHO
Para crescer na compaixão pelo mundo
Rezemos para que cada um de nós encontre consolo na relação pessoal com Jesus e aprenda do seu Coração a compaixão pelo mundo.

JULHO
Pela formação para o discernimento
Rezemos para que aprendamos cada vez mais a discernir, a saber escolher caminhos de vida e a rejeitar tudo o que nos distancie de Cristo e do Evangelho.

AGOSTO
Pela convivência comum
Rezemos para que as sociedades em que a convivência parece mais difícil não sucumbam à tentação do confronto por razões étnicas, políticas, religiosas ou ideológicas.

SETEMBRO
Pela nossa relação com toda a criação
Rezemos para que, inspirados em São Francisco, experimentemos a nossa interdependência com todas as criaturas, amadas por Deus e dignas de amor e respeito.

OUTUBRO
Pela colaboração entre as diferentes tradições religiosas
Rezemos para que as pessoas de diferentes tradições religiosas trabalhem juntas para defender e promover a paz, a justiça e a fraternidade humana.

NOVEMBRO
Pela prevenção do suicídio
Rezemos para que as pessoas que lutam contra pensamentos suicidas reconheçam a beleza da vida e encontrem na sua comunidade o apoio, o cuidado e o amor de que precisam.

DEZEMBRO
Pelos cristãos em contextos de conflito
Rezemos para que os cristãos que vivem em contextos de guerra ou de conflito, especialmente no Oriente Médio, possam ser sementes de paz, reconciliação e esperança.

Oração de Santo Inácio de Loyola, Fundador da Companhia de Jesus/Jesuítas

Tomai, Senhor, e recebei toda a minha liberdade e a minha memória também. O meu entendimento e toda a minha vontade, tudo o que tenho e possuo, Vós me destes com amor. Todos os dons que me destes, com gratidão vos devolvo; dispõe deles, Senhor, segundo a Vossa vontade. Dai-me somente o vosso amor, vossa graça; isso me basta, nada mais quero pedir.

ORAÇÃO para a Novena   (Só para uso particular)

Deus, que na vossa infinita bondade e misericórdia inspirastes ao vosso humilde servo João Baptista tão ardente desejo de perfeição e o cumulastes de tantas e tão extraordinárias graças, concedei-me a graça de imitá-lo na entrega total ao Sagrado Coração de Jesus, no amor à cruz e ao sacrifício, na estima da Santa Missa, na intimidade com Jesus Sacramentado, no zelo pelas vocações sacerdotais e na devoção filial ao Imaculado Coração de Maria, Medianeira de todas as graças. - Ó Deus, que glorificais a quem Vos glorifica, glorificai o vosso servo João Baptista, que em vida Vos amou e glorificou, concedendo-me, por sua intercessão, a graça... que instantemente Vos peço. Por Jesus Cristo, Nosso Senhor. Amém.

JESUS! MARIA! JOSÉ!
Pai Nosso - Ave Maria - Glória ao Pai.

Para receber a Novena e/ou comunicar graças alcançadas por intercessão do Padre Reus escreva para:

Coordenador Externo da Causa de Beatificação
Rua Luetgen, 78 - Caixa Postal, 331 - Bairro Padre Reus
93001-970 - São Leopoldo - RS
Fone: (51) 3592-1574
E-mail: padrereus@padrereus.org.br
Site: www.padrereus.org.br

ou
Livraria Padre Reus
Rua Duque de Caxias, 805 - Caixa Postal, 285
90001-970 - Porto Alegre - RS
Fone: (51) 3224-0250 - E-mail: livrariareus@livrariareus.com.br
Face: *Livraria Padre Reus*

JOVEM, VOCÊ JÁ PENSOU EM DOAR SUA VIDA PELO *Evangelho*?

As Irmãs Paulinas são mulheres consagradas ao anúncio do Evangelho com a comunicação.

Entre em contato conosco e conheça nossa vida e missão.

@irmaspaulinas (11) 99998-0323

Irmãs Paulinas

Irmãs do Imaculado Coração de Maria

Em fidelidade à raiz fundacional, no compromisso místico-profético com a vida.

Saiamos às pressas, a vida clama

Estamos no Ano Jubilar! 2025, Ano Santo! Neste Ano Jubilar, proclamado pelo Papa Francisco, somos convidadas/os a nos colocar em posição de escuta, para descobrir como Deus apresenta e se manifesta na nossa vivência diária. A descoberta pode nos surpreender ao descobrirmos de que já fomos encontrados por Deus, mesmo antes de nascermos: Ele sempre se manifestou na nossa vida, sempre se fez presente. O Papa Francisco nos convida a deixarmos a luz do Espírito de Deus nos encher de Esperança, nos conduzir no anúncio da bondade e da misericórdia de Deus que se manifesta em todos nós.

Como Congregação das Irmãs do Imaculado Coração de Maria, como Igreja, imbuídas pelo espírito do Ano Santo, somos chamadas a renovar o nosso compromisso de seguimento à Pessoa de Jesus, testemunhando a sua fidelidade ao Pai, vivendo em Comunidade o nosso Carisma "A Busca Contínua da Vontade de Deus", deixado pela nossa Fundadora a Bem-Aventurada Bárbara Maix.

Que a Celebração do Jubileu seja para todos nós um momento de renovação pessoal da fé e da esperança e de um profundo encontro com o Senhor Jesus.

Conscientes de que somos responsáveis pela revelação do rosto misericordioso do Senhor, chegamos até a sua família para convidar-lhe a pensar e espelhar conosco que vale a pena deixar tudo pelo seguimento à Jesus.

E você jovem, não tenha medo de se surpreender com a presença de Jesus lhe convidando para segui-Lo.

Você pode ser uma Irmã do Imaculado Coração de Maria. Venha nos conhecer!!! Entre em contato conosco pelo telefone (51) 9.9582.6308. Aguardamos.

Um SIM à Vocação...

Ir. Inah - 116 anos
Ir. Giseli - 28 anos

FALE CONOSCO:
IRMÃS TERESIANAS BRASIL (51) 99333-6290

Irmãs Franciscanas
da Penitência e Caridade Cristã

O **Chamado de Jesus**, que moveu o coração de São Francisco, Santa Clara e Madre Madalena, é o mesmo que hoje convida:
Vem e segue-me!

Seja instrumento de Paz e Bem!

"Vamos juntas servir ao Bom Deus!"

www.deuscuida.com
contato@deuscuida.com
Facebook - Vocação Madre Madalena
Instagram - irmasfranciscanaspcc

Irmãs Franciscanas de Nossa Senhora Aparecida

Cifa
Congregação das Irmãs Franciscanas de Nossa Senhora Aparecida

A vida é um dom precioso, e cada pessoa possui talentos únicos e habilidades que podem transformar o mundo ao seu redor. É tempo de descobrir a missão que Deus tem para cada um, cada uma. Escute o seu coração e confie na graça de Deus.

Conheça melhor as Irmãs Franciscanas de Nossa Senhora Aparecida, uma Congregação brasileira, fundada no Rio Grande do Sul. Desde 1928, a exemplo de São Francisco e Santa Clara, as Irmãs levam amor, esperança e fé, como mensageiras de Paz e Bem. Em Betânias, como Marta, Maria e Lázaro, acolhem a Jesus na Eucaristia e os irmãos e irmãs que chegam até elas.

De braços abertos, cada Irmã é sinal da presença amorosa de Deus, sinal de alegria e acolhimento na missão, atendendo ouvintes e surdos na educação que transforma e no amor que transborda. As Irmãs se dedicam aos doentes na saúde curativa e alternativa; na missão *Ad gentes* em Guiné Bissau/África Ocidental e na Bolívia; junto aos ribeirinhos, no Amazonas e junto aos Povos Indígenas, na comunidade surda. Você pode fazer parte desta História! Entre em contato com:

Ir. Adriane SAV/RS (51) 997953579;
Ir. Andreia SAV/AM (92) 995312845
Ir. Solange SAV/MS (51) 985997885;
@irmãsfranciscanasaparecida
www. cifa.org.br

Siga a estrela que surgiu em você; ela certamente a conduzirá a Jesus!

Madre Teresa

Você já conhece as Irmãs Escolares de Nossa senhora? Somos mulheres que se deixaram contagiar por Jesus e pelo Carisma de Madre Teresa, que chama a sermos Educadoras em tudo que somos e fazemos!
Quer juntar-se a nós?

Venha nos conhecer!

Siga-nos nas redes sociais:
Irmãsescolaresdenossasenhora
Congregação das Irmãs Escolares de Nossa Senhora – PALC

Contatos:
Ir Bernadete (11) 964750409
Ir Magda (51) 990085192

Ditados Populares em versão corrigida

Filho de peixe... é um peixe pequeno.
Pimenta nos olhos dos outros... arde do mesmo jeito.
Em terra de cego... todos não veem nada.
Ladrão que rouba ladrão... rouba duas vezes.
Não deixe para amanhã... pode ser tarde demais.
Águas passadas... já foram embora.
A corda sempre arrebenta... quando está velha demais.
Quem fala demais... é muito falante.
Quem ri por último... foi o último a achar graça.

Enviado por: Alípio Antônio dos Santos Filho

Concurso PREMIADO - 2025

Um abraço gradecido por ter lido e, claro, apreciado a edição do **Livro da Família 2025**. Participe do **Concurso Premiado**, respondendo às três questões abaixo. Mande sua resposta até **30 de abril de 2025** para um de nossos contatos: *Redação da Livraria Padre Reus - Rua Duque de Caxias, 805 – 90010-282, Porto Alegre/RS; E-mail: livrareus@livrariareus.com.br; Facebook: Livraria Padre Reus; Site: www.livrariareus.com.br* -
Importante: coloque seu endereço completo nas respostas pelo correio comum ou no final das respostas por e-mail, pelo facebook ou pelo site.

1) Num dos artigos do bloco "Testemunhos e Reportagens" há uma reportagem sobre um Santuário "diferente". Qual é o título desta matéria e quem escreve a reportagem?
2) A questão da Ecologia foi tema central desta edição do Livro da Família. Na editoria "Contos e Mensagens" a poesia se faz presente. Qual o título do poema e de quem é a autoria?
3) No bloco "Saúde e Vida" um bispo gaúcho lembra que é preciso aprender a respirar melhor. Qual é o título do artigo e quem é o bispo que a assina?

Premiados do Concurso Inaciano - 2024

1) Padre Wendelinus Telumas, SVD – Ponta Grossa PR. 2) Cecília Maria Araújo – Nova Era MG. 3) Zelinda Rossato Bertoldo – Nova Palma RS. 4) Maria Elisa Stacieski – Curitiba PR.

Premiados "Leitores Escrevem 2024"

1) Marilza Aparecida Dias – Pato de Minas MG. 2) Valdemar Roque Neumann – Porto Alegre RS. 3) Marlene Andrades – Cuiabá MT. 4) Terezinha Bohn Mielcke – Salvador das Missões RS. 5) Maria Lurdes Fritzen – Guarujá do Sul RS. 6) Maria Elisa Stacieski – Curitiba PR.

Carta Enigmática - 2025

Decifre a Carta Enigmática acima e concorra a prêmios oferecidos pela Livraria Padre Reus.

Sugestão: reúna seu "time" familiar e montem juntos a **Carta Enigmática 2025**. Nossa tradicional colaboradora Maria da Graça diz que não é difícil decifrar a carta. Primeiro, leiam atentamente as frases que aparecem na divisão dos blocos e vão perceber que todas estão inspiradas no tema/lema da Campanha da Fraternidade da CNBB/2025. Então, na medida em que forem decifrando, vão escrevendo. Lembramos: traço significa corte de letra e a letra solta deve ser inserida no lugar indicado. Escrevam a frase numa folha, coloquem o nome e endereço completo do remetente e mandem para uma de nossos endereços: **Carta Enigmática 2025** – Livraria Padre Reus - Rua Duque de Caxias, 805 – 90010-282, Porto Alegre/RS - E-mail: livrareus@livrariareus.com.br - Facebook: Livraria Padre Reus - Site: www.livrariareus.com.br. Lembrando: Cartas ou e-mails devem chegar à Livraria Padre Reus até **30 de abril de 2025**.

Solução da Carta Enigmática – 2024

Moradores do mesmo planeta, viver como irmãos e irmãs é certeza de uma vida feliz.

Premiados da Carta Enigmática - 2024

1) Adriana Oliveira Quadros – Osório RS. 2) José Lotario Sander – Gravataí RS. 3) Enrique Marilza Dias – Patos de Minas MG. 4) Daisy Lúcia Ribeiro Silva – Lorena SP. 5) Julieta Oliveira Samara – Patrocinio MG.

Janeiro

01	Q	**MARIA MÃE DE DEUS**

Nm 6,22-27 / Sl 66 / Gl 4,4-7 / Lc 2,16-21

02	Q	Gregório Nazianzeno
03	S	Odilo, Genoveva, Antero
04	S	Ângela, Hermes
05	D	**EPIFANIA DO SENHOR**

Is 60,1-6 / Sl 71 / Ef 3,2-3a.5-6 / Mt 2,1-12

06	S	Gaspar, Melquior, Baltazar
07	T	Raimundo de Peñforte
08	Q	Antônio de Categeró
09	Q	Adriano, Juliano, Basilissa
10	S	Camilo, Tecla, Gregório X
11	S	Higino, Sálvia, Teodósio
12	D	**BATISMO DO SENHOR**

Is 42,1-4.6-7 / Sl 28 / At 10,34-38 / Lc 3,15-16.21-22

13	S	Hilário, Ivete, Godofrido
14	T	Félix Malaquias
15	Q	Mauro, Beatriz, Arnaldo
16	Q	Honorato, Priscila, Estefânia
17	S	Antão, Leonila
18	S	Zeno, Faustina, Susana
19	D	**2º DOMINGO COMUM**

Is 62,1-5 / Sl 95 / 1Cor 12,4-11 / Jo 2,1-11

20	S	Sebastião, Fabiano, Neófito
21	T	Inês, Epifânio
22	Q	Vicente, Teolinda
23	Q	Áquila, Ildefonso, Severino
24	S	Francisco Sales, Vera, Arno
25	S	Conversão de S. Paulo ap.
26	D	**3º DOMINGO COMUM**

Ne 8,2-4a.5-6.8-10 / Sl 18 / 1Cor 12,12-30 / Lc 1,1-4; 4,14-21

27	S	Ângela de Mérici
28	T	Tomás de Aquino
29	Q	Pedro Nolasco, Valério
30	Q	Hipólito, Marta, Jacinta
31	S	João Bosco, Marcela

Atividades agrícolas

NA HORTA: Pode-se semear em lugar definitivo: acelga, nabo, mostarda, alho, salsa, espinafre, beterraba e cenoura. Em viveiros, para posterior transplante: couve-flor, alface, nabo e repolho.

NO JARDIM: Semeiam-se Begônia-rex, cinerária, gloxíneas, prímulas diversas e sálvia-splendens. Multiplicam-se brincos-de-princesa, flor-de-maio, gloxíneas, violetas africanas, etc. Podem-se enxertar roseiras por meio de borbulhas.

Fevereiro

01	S	Arnoldo, Brigida
02	D	**APRESENTAÇÃO DO SENHOR**

Ml 3,1-4 / Sl 23 / Hb 2,14-18 / Lc 2,22-40 ou Lc 2,22-32 (breve)

03	S	Brás, Oscar, Nitardo
04	T	João de Brito e Companheiros SJ
05	Q	Águeda, Genuíno, Adelaide
06	Q	Paulo Miki e Comp. SJ.
07	S	Ricardo, Novardo, Pio IX
08	S	Jerônimo Emiliano
09	D	**5º DOMINGO COMUM**

Is 6,1-2a.3-8 / Sl 137 / 1Cor 15,1-11 / Lc 5,1-11

10	S	Escolástica, Guilherme
11	T	Nossa Senhora de Lourdes
12	Q	Bento, Gregório II, Ludano
13	Q	Maura, Benigno
14	S	Cirilo, Metódio, Valentim
15	S	Cláudio de la Colombière
16	D	**6º DOMINGO COMUM**

Jr 17,5-8 / Sl 1 / 1Cor 15,12.16-20 / Lc 6,17.20-26

17	S	Rômulo, Francisco Cleto
18	T	Teotônio, Bernadete
19	Q	Antônio de Santarém, Álvaro
20	Q	Silvano, Nilo, Eleutério
21	S	Pedro Damião
22	S	Cátedra de S. Pedro
23	D	**7º DOMINGO COMUM**

1Sm 26,2.7-9.12-13.22-23 / Sl 102 / 1Cor 15,45-49 / Lc 6,27-38

24	S	Modesto, Sérgio
25	T	Valburga, Adeltrudes
26	Q	Alexandre, Dionísio, Nestor
27	Q	Basílio e Procópio, Juliano
28	S	Silvana, Romano, Justo

Atividades agrícolas

NA HORTA: Tempo de semear, em sementeira, a couve-flor, alface, repolho, agrião, beterraba, couve e chicórea. Em local definitivo podem-se semear rabanete, cenoura, mostarda, mangerona, salsa e acelga. Transplantam-se todas as hortaliças já em condições para tanto.

NO JARDIM: Semeiam-se begônias, prímulas, papoulas, goivos, margaridas, violeta-do-Pará, calêndula, amor-perfeito, cravos, cravinas, boca-de-leão, crista de galo e quase todas as plantas anuais. Aconselha-se fazer outra semeadura 20 dias depois. Com isso teremos flores por mais tempo.

Março

01	S	Félix II, Albino
02	D	**8º DOMINGO COMUM**

Eclo 27,4-7 / Sl 91 / 1Cor 15,54-58 / Lc 6,39-45

03	S	Floriano, Frederico
04	T	Casimiro, Lúcio
05	Q	QUARTA FEIRA DE CINZAS
06	Q	Rosa de Viterbo, Fridolino
07	S	Perpétua, Felicidade, Paulo
08	S	João de Deus, Félix
09	D	**1º DOMINGO DA QUARESMA**

Dt 26,4-10 / Sl 90 / Rm 10,8-13 / Lc 4,1-13

10	S	Macário, Gustavo, Emiliano
11	T	Alexandre, Cândido
12	Q	Inocêncio, Justina
13	Q	Patrícia, Osvino, Rodrigo
14	S	Dione, Leão, Matilde
15	S	Clemente, Eusébio, Longino
16	D	**2º DOMINGO DA QUARESMA**

Gn 15,5-12.17-18 / Sl 26 / Fl 3,17-4,1 / Lc 9,28b-36

17	S	Patrício, Gestrudes
18	T	Cirilo de Jerusalém, Eduardo
19	Q	José, esposo de Maria
20	Q	Ambrósio de Sena
21	S	Nicolau de Flue, Serapião
22	S	Zacarias, Catarina de Gênova
23	D	**3º DOMINGO DA QUARESMA**

Ex 3,1-8a.13-15 / Sl 102 / 1Cor 10,1-6.10-12 / Lc 13,1-9

24	S	Catarina de Suécia, Adelmar
25	T	Anunciação do Senhor
26	Q	Ludgero
27	Q	Lídia, Adalberto, Ruperto
28	S	Castor, Dorotéia
29	S	Cirilo, Jonas, Helmut
30	D	**4º DOMINGO DA QUARESMA**

"Laetere": Js 5,9a.10-12 / Sl 33 / 2Cor 5,17-21 / Lc 15,1-3.11-32

31	S	Benjamin, Benedito, Amós

NOTA: As fases astronômicas deste Calendário são do Departamento de Astronomia do Instituto de Astronomia, Geofísica e Ciências Atmosféricas da Universidade de São Paulo (IAGUSP)

Atividades agrícolas

NA HORTA: Em viveiros, semeiam-se alface, couve-flor, repolho, acelga, cebola, beterraba, agrião, espinafre e chicória.

NO JARDIM: Semeiam-se em caixotes para posterior transplante: amor-perfeito, cinerária, cravinas, petúnia, margaridinha, boca de leão.

Abril

01	T	Viktor, Hugo, Irene
02	Q	Francisco de Paula
03	Q	Ricardo, Gandolfo
04	S	Isidoro de Sevilha, Ambrósio
05	S	Vicente Ferrer
06	D	**5º DOMINGO DA QUARESMA**

Is 43,16-21 / Sl 125 / Fl 3,8-14 / Jo 8,1-11

07	S	São João Batista de La Salle
08	T	Amâncio, Alberto
09	Q	Maria Cléofa
10	Q	Apolônio, Ezequiel
11	S	Estanislau, Gema Galgani
12	S	Júlio, Herte, Zeno
13	D	**DOMINGO DE RAMOS E PAIXÃO DO SENHOR**

Procissão: Lc 19,28-40 / Missa: Is 50,4-7 / Sl 21 / Fl 2,6-11 / Lc 22,14-23,56

14	S	S. Lamberto
15	T	Valeriano, Anastásia, Vitorino
16	Q	Bernadete Soubirous
17	Q	CEIA DO SENHOR
18	S	SEXTA FEIRA SANTA
19	S	SÁBADO SANTO
20	D	**PÁSCOA DO SENHOR**

At 10,34a.37-43 / Sl 117 / Cl 3,1-4 ou 1Cor 5,6b-8 / Jo 20,1-9 ou Lc 24,1-12

21	S	Anselmo, Alexandra
22	T	N. Sra. Mãe da Comp. de Jesus
23	Q	Jorge, Egídio
24	Q	Fidelis, Melito, Egberto
25	S	Marcos evangelista, Nice
26	S	Na. Sra. do Bom Conselho
27	D	**2º DOMINGO DA PÁSCOA**

At 5,12-16 / Sl 117 / Ap 1,9-11a.12-13.17-19 / Jo 20,19-31

28	S	Pedro Chanel, Teodora
29	T	Catarina de Sena, Rosvita
30	Q	Pio V, José do Cottolengo

Atividades agrícolas

NA HORTA: Bastante atividade no preparo de viveiros e canteiros. Semeiam-se acelga, alface, couve, ervilha, mostarda, rabanete e repolho. A plantação de moranguinhos efetua-se com mudas tiradas dos morangueiros.

NO JARDIM: Transplantam-se para os canteiros ao ar livre: prímulas, amor-perfeito, goivo, cinerária, rainúnculos enraizados e brotados, violetas e cravos. Plantam-se bulbos em geral: lírios, anêmonas, etc. Podam-se as roseiras para que haja rosas nos meses frios.

Maio

- 01 Q José Operário, Jeremias
- 02 S Atanásio, Ciríaco
- 03 S Filipe e Tiago apóstolos
- **04 D 3º DOMINGO DA PÁSCOA**
  At 5,27b-32.40b-41 / Sl 29 / Ap 5,11-14 / Jo 21,1-19
- 05 S Ireno, Ângelo
- 06 T Lúcio, Leonardo
- 07 Q Juvenal, Catarina Tekakwita
- 08 Q Bonifácio, Apar. de S. Miguel
- 09 S Gregório, Hermes
- 10 S Antonino, Jó, Gordiano
- **11 D 4º DOMINGO DA PÁSCOA**
  At 13,14.43-52 / Sl 99 / Ap 7,9.14b-17 / Jo 10,27-30
- 12 S Nereu, Aquiles, Pancrácio
- 13 T N. Sra. de Fátima
- 14 Q Matias apóstolo, Pascoal, Pacômio
- 15 Q Sofia, Torquato, Isidoro
- 16 S André Bobola, Simão
- 17 S Pascal Baylão, Pedro Liceu
- **18 D 5º DOMINGO DA PÁSCOA**
  At 14,21b-27 / Sl 144 / Ap 21,1-5a / Jo 13,31-33a.34-35
- 19 S Ivo, Celestino
- 20 T Bernardino de Sena, Elfrida
- 21 Q Germano José, Donato
- 22 Q Rita de Cássia
- 23 S Desidério, Epitácio, Juliano
- 24 S Na. Sra. da Estrada, Na. Sra. Aux.
- **25 D 6º DOMINGO DA PÁSCOA**
  At 15,1-2.22-29 / Sl 66 / Ap 21,10-14.22-23 / Jo 14,23-29
- 26 S Filipe Neri, Eleutério
- 27 T Agostinho de Cantuária
- 28 Q Maria Ana de Paredes
- 29 Q Maximino, Bona, Guilherme
- 30 S Joana D'Arc, Fernando II
- 31 S Petronilla

Junho

- **01 D ASCENÇÃO DO SENHOR**
  AT 1,1-11 / Sl 46 / Ef 1,17-23 / Lc 24,46-53
- 02 S Marcelino, Eugênio, Erasmo
- 03 T Carlos Luanga e Companheiros
- 04 Q Crispim, Quirino
- 05 Q Bonifácio, Reginaldo
- 06 S Norberto, Eugênia
- 07 S Roberto, Eugênia
- **08 D PENTECOSTES**
  At 2,1-11 / Sl 103 / 1Cor 12,3b-7.12-13 ou Rm 8,8-17 / Jo 20,19-23 ou Jo 14,15-16.23b-26
- 09 S José de Anchieta, Feliciano
- 10 T Margarida da Escócia
- 11 Q Barnabé apóstolo
- 12 Q Guido, Onofre
- 13 S Antônio de Pádua, Aquilino
- 14 S Vito, Lotário, Laudelino
- **15 D SANTÍSSIMA TRINDADE**
  Pr 8,22-31 / Sl 8 / Rm 5,1-5 / Jo 16,12-15
- 16 S Beno, Julita
- 17 T Ismael, Manuel, Peregrino
- 18 Q Izabel, Marcos
- 19 Q CORPUS CHRISTI
- 20 S Florentina, Silvério, Adalberto
- 21 S Luis Gonzaga, Albano
- **22 D 12º DOMINGO COMUM**
  Zc 12,10-11; 13,1 / Sl 62 / Gl 3,26-29 / Lc 9,18-24
- 23 S José Cafasso
- 24 T Natividade de João Batista
- 25 Q Próspero
- 26 Q Virgílio, Irineu, Ema
- 27 S Sagrado Coração de Jesus
- 28 S Imaculado Coração de Maria
- **29 D SÃO PEDRO E SÃO PAULO**
  At 12,1-11 / Sl 33 / 2Tm 4,6-8.17-18 / Mt 16,13-19
- 30 S Protomártires da Igreja de Roma

Atividades agrícolas

NA HORTA: Hortaliças semeadas anteriormente em viveiros podem ser transplantados com garantia de vingarem. Semeiam-se em viveiros o alho, cebola, chicórea, alface, acelga, beterraba e repolho.

NO JARDIM: Semeiam-se em lugares definitivos: papoulas, centáureas, esporinhas, goivos, cinerárias, etc. Transplantam-se amor-perfeito, mesmo se já tiverem botões florais. Semeiam-se cravinas, petúnias, calêndulas, boca-de-leão, etc.

Atividades agrícolas

NA HORTA: Semeiam-se em lugar definitivo: cebola, cenoura, ervilha, espinafre, fava, lentilha, rabanete e salsa. Em viveiros, que a partir deste mês devem ser protegidos do frio, pode-se semear alface, chicórea, couve comum, repolho e tomate.

NO JARDIM: Mês propício para transplantar, enxertar e podar as roseiras. Desenterram-se os bulbos das dálias, que são secados na sombra, em lugar seco e ventilado.

● ◐ ○ ◑
Nova Crescente Cheia Minguante

Julho

01	T	Domiciano, Aarão, Ester
02	Q	Bernardino Realino e Comp., SJ ●
03	Q	Tomé Apóstolo, Leão II
04	S	Isabel de Portugal, Ageu
05	S	Antônio Maria Zacaria
06	**D**	**14º DOMINGO COMUM**

Is 66,10-14c / Sl 65 / Gl 6,14-18 / Lc 10,1-12.17-20

07	S	Vilibaldo, Cláudio
08	T	Eugênio, Edgar
09	Q	Verônica, Madre Paulina
10	Q	Olavo, Alexandre ◐
11	S	Bento, Cipriano, Sabino
12	S	João Gualberto, Nabor
13	**D**	**15º DOMINGO COMUM**

Dt 30,10-14 / Sl 68 / Cl 1,15-20 / Lc 10,25-37

14	S	Camilo de Lelis
15	T	Boaventura, Waldemar
16	Q	Na. Sra. do Carmo
17	Q	Inácio de Azevedo e comp. ●
18	S	Estácio, Marina, Frederico
19	S	Adolfo, Arsênio, Áurea
20	**D**	**16º DOMINGO COMUM**

Gn 18,1-10a / Sl 14 / Cl 1,14-28 / Lc 10,38-42

21	S	Lourenço de Brindisi, Daniel
22	T	Maria Madalena, Elvira
23	Q	Brigida, Apolinário, Libório
24	Q	Cristóvão, Cristina ●
25	S	Tiago apóstolo
26	S	Joaquim e Ana, Cristina
27	**D**	**17º DOMINGO COMUM**

Gn 18,20-32 / Sl 137 / Cl 2,12-14 / Lc 11,1-13

28	S	Inocêncio, Nazário e Celso
29	T	Marta, Lucila, Flora
30	Q	Pedro Crisólogo, Simplício, Julita
31	Q	Inácio de Loyola, Germano

Agosto

01	S	Afonso de Ligório, Esperança ◐
02	S	Eusébio de Vercelli, Pedro Fabro
03	**D**	**18º DOMINGO COMUM**

Ecl 1,2;2,21-23 / Sl 89 / Cl 3,1-5.9-11 / Lc 12,13-21

04	S	João Maria Vianey, Tertuliano
05	T	Basílica Santa Maria Maior
06	Q	Transfiguração do Senhor
07	Q	Sixto II, Caetano
08	S	Domingos Gusmão, Ciriaco
09	S	Romano, Hatumano, Edith Stein ○
10	**D**	**19º DOMINGO COMUM**

Sb 18,6-9 / Sl 32 / Hb 11,1-2.8-19 / Lc 12,32-48

11	S	Clara de Assis, Filomena
12	T	Aniceto, Hilária, Graciliano
13	Q	Ponciano, Hipólito
14	Q	Maximiliano M. Kolbe, Eusébio
15	S	Assunta, Ruperto, Tarcisio
16	S	Estêvão, Roque, Serena ●
17	**D**	**ASSUNÇÃO DE NOSSA SENHORA**

Ap 11,19a; 12,1.3-6a.10ab / Sl 44 / 1Cor 15,20-27a / Lc 1,39-56

18	S	Helena, Alberto Hurtado, SJ.
19	T	João Eudes, Sebaldo
20	Q	Bernardo, Osvino, Samuel
21	Q	Pio X, Balduino
22	S	Nossa Senhora Rainha
23	S	Rosa de Lima, Felipe Benício ●
24	**D**	**21º DOMINGO COMUM**

Is 66,18-21 / Sl 116 / Hb 12,5-7.11-13 / Lc 13,22-30

25	S	José de Calazanas, Gaudêncio
26	T	Zeferino, Adriana
27	Q	Mônica, Cesário
28	Q	Agostinho, Adelina, Pelágio
29	S	Sabina, mártir João Batista
30	S	Félix, Adauto, Heriberto
31	**D**	**22º DOMINGO COMUM**

Eclo 3,17-18.20.28-29 / Sl 67 / Hb 12,18-19.22-24a / Lc 14,1.7-14

Atividades agrícolas

NA HORTA: Último mês para o plantio de alho, por meio de "dentes". transplantam-se as hortaliças em condições para tal. Semeiam-se aspargo, beterraba, couve, ervilha, fava, mostarda e repolho.

NO JARDIM: Semeiam-se em caixotes ou transplantam-se: rainhas-margaridas, calêndulas, cravos-de-defunto, cravinas, Crista-de-galo, petúnias e begônias. Semeiam-se em lugar defintivo: papoulas, esporinhas, balsaminas.

Atividades agrícolas

NA HORTA: Semeiam-se praticamente todas as hortaliças. Em lugares menos frios já se podem plantar as hortaliças de primavera: feijões de vagens, pepinos, melões, etc...

NO JARDIM: Continua época propícia para a multiplicação por estaca (galho). Igualmente fácil a multiplicação das plantas por brotos herbáceos.

Setembro

Nova ● Crescente ◐ Cheia ○ Minguante ◑

01	S	Ana, N. Senhora da Penha
02	T	Elpídio, Antônio, Apolinário
03	Q	Gregório Magno, Serápia
04	Q	Rosa de Viterbo, Rosália
05	S	Lourenço, Justiniano, Rosvita
06	S	Humberto, Zacarias, Leda
07	**D**	**23º DOMINGO COMUM** ○

Sb 9,13-18b / Sl 89 / Fm 9b-10.12-17 / Lc 14,25-33

08	S	Natividade de Nossa Senhora
09	T	Pedro Claver, Severino
10	Q	Nicolau de Tolet, Francisco Gárate
11	Q	Félix e Régula
12	S	Nome de Maria, Guido
13	S	João Crisóstomo, Maurício
14	**D**	**EXALTAÇÃO DA SANTA CRUZ** ◑

Nm 21,4b-9 / Sl 77 / Fl 2,6-11 / Jo 3,13-17

15	S	N. Sra. das Dores e da Piedade
16	T	Cornélio e Cipriano
17	Q	Roberto Belarmino
18	Q	José de Copertino, Ricarda
19	S	Januário, Teodoro
20	S	Eustáquio, Agapito, Suzana
21	**D**	**25º DOMINGO COMUM** ●

Am 8,4-7 / Sl 112 / 1Tm 2,1-8 / Lc 16,1-13

22	S	Tomás de Villanova
23	T	Lino, Tecla, André
24	Q	Na. Sra. das Mercês, Geraldo
25	Q	Cléofas, Aurélia
26	S	Cosme e Damião
27	S	Vicente de Paulo, Elzeário
28	**D**	**26º DOMINGO COMUM**

Am 6,1a.4-7 / Sl 145 / 1Tm 6,11-16 / Lc 16,19-31

29	S	Miguel, Gabriel e Rafael, arcanjos ◐
30	T	Jerônimo, Leopardo

Outubro

01	Q	Teresinha do Menino Jesus
02	Q	Anjos da Guarda
03	S	Francisco de Borja, Geraldo
04	S	Francisco de Assis, Áurea
05	**D**	**27º DOMINGO COMUM**

Hab 1,2-3; 2,2-4 / Sl 94 / 2Tm 1,6-8.13-14 / Lc 17,5-10

06	S	Bruno, Adalberto
07	T	Na. Sa. do Rosário, Justina ○
08	Q	Pelágia, Hugo
09	Q	Dionísio, João Leonardo
10	S	Daniel, Casimiro
11	S	Na. Sra. das Graças
12	**D**	**NOSSA SENHORA APARECIDA**

Est 5,1b-2; 7,2b-3 / Sl 44 / Ap 12,1.5.13a-15-16a / Jo 2,1-11

13	S	Eduardo, Geraldo ◑
14	T	João Ogilvie, Calixto
15	Q	Teresa de Ávila, Tecla
16	Q	Edwiges, Maria M. Alacoque
17	S	Inácio de Antioquia
18	S	Lucas Evangelista
19	**D**	**29º DOMINGO COMUM**

Ex 17,8-13 / Sl 120 / 2Tm 3,14-4,2 / Lc 18,1-8

20	S	Vendelino, Vitalício, Arsênio
21	T	Clementina, Úrsula ●
22	Q	Gaudêncio, Maria Solomé
23	Q	João de Capistrano
24	S	Antônio Maria Claret
25	S	Crisanto, Dária, Cirino
26	**D**	**30º DOMINGO COMUM**

Eclo 35,12-14.16-18 / Sl 33 / 2Tm 4,6-8.16-18 / Lc 18,9-14

27	S	Vicente, Amando
28	T	Simão e Judas Tadeu apóstolos
29	Q	Bártolo Longo, Ermelinda ◐
30	Q	Saturnino, Marcelo
31	S	Afonso Rodrigues, Quintino

Atividades agrícolas

NA HORTA: Transplantam-se as hortaliças: acelga, chicórea, aspargo, berinjela, agrião, morangueiro. Plantam-se pepino, quiabo, abóbora, feijão-vagem, etc. Em viveiros semeiam-se beterraba, chicórea, pimenta, pimentão, tomate, etc.

NO JARDIM: Continua a semeadura das flores de agosto, menos a das prímulas, ervilha-de-cheiro e amor-perfeito. Continua a época propícia para a multiplicação por estacas e brotos novos das sálvias, gerânios, brincos-de-princesa, cravos, etc.

Atividades agrícolas

NA HORTA: Plantam-se agrião, aipo, alcachofra, alface, acelga, alho, berinjela, beterraba, cenoura, couve, espinafre, mostarda, moranga, rabanete e outras. Transplantam-se pimentão, beringela, tomate etc. Semeiam-se em viveiros: pimenta, pimentão, beringela, tomate.

NO JARDIM: Numerosas plantas reproduzem-se automaticamente com as sementes caídas no chão, na época da última floração.

● ◐ ○ ◑
Nova Crescente Cheia Minguante

Novembro

01	S	Juliana, Licínio	
02	D	**FIÉIS DEFUNTOS**	
Sb 3,1-9 / Sl 41 / Ap 21,1-5a.6b-7 / Mt 5,1-12			
03	S	Ruperto Mayer, Martinho de Lima	
04	T	Carlos Borromeu	
05	Q	Todos os Santos da Comp. de S.J. ○	
06	Q	Leonardo, Cristina, Modesta	
07	S	Ernesto, Carina, Florência	
08	S	Godofredo, Mauro	
09	D	**32º DOMINGO COMUM**	
Ez 47,1-2.8-9.12 / Sl 45 / 1Cor 3,9-11.16-17 / Jo 2,13-22			
10	S	Leão Magno, Noé	
11	T	Martinho de Tours, Benedita	
12	Q	Josafá, Martinho I, Diego ◑	
13	Q	Estanislau Kostka	
14	S	José Pignatelli, Lourenço	
15	S	Alberto Magno, Leopoldo	
16	D	**33º DOMINGO COMUM**	
Ml 3,19-20a / Sl 97 / 2Ts 3,7-12 / Lc 21,5-19			
17	S	Isabel de Hungria	
18	T	Basílica S. Pedro e S. Paulo	
19	Q	Roque Gonzales, Afonso e João	
20	Q	Edmundo, Silvestre ●	
21	S	Apresentação de Nossa Senhora	
22	S	Cecília, Lucrécia	
23	D	**CRISTO REI**	
2Sm 5,1-3 / Sl 121 / Cl 1,12-20 / Lc 23,35-43			
24	S	Crisógno, Flora	
25	T	Catarina de Alexandria	
26	Q	João Berchmans	
27	Q	Medalha Milagrosa, Catarina	
28	S	Sóstenes, Leonardo ◐	
29	S	Saturnino, Paramon, Francisca	
30	D	**1º DOMINGO DO ADVENTO**	
Is 2,1-5 / Sl 121 / Rm 13,11-14 / Mt 24,37-44			

Dezembro

01	S	Lúcio, Bibiana, Paulina	
02	T	Lúcio, Bibiana, Paulina	
03	Q	Francisco Xavier, Atália	
04	Q	João Damasceno, Bárbara ○	
05	S	Anastácio, Crispina, Sabas	
06	S	Nicolau, Dionísia, Asela	
07	D	**2º DOMINGO DO ADVENTO**	
Is 11,1-10 / Sl 71 / Rm 15,4-9 / Mt 3,1-12			
08	S	Imaculada Conceição	
09	T	Valéria, Leocádia, Abel	
10	Q	Joana de Chantal, Melquíades	
11	Q	Dâmaso, José do Egito ◑	
12	S	Na. Sra. de Guadalupe	
13	S	Luzia, Otília	
14	D	**3º DOMINGO DO ADVENTO**	
"Gaudete": Is 35,1-6a.10 / Sl 145 / Tg 5,7-10 / Mt 11,2-11			
15	S	Valeriano, Cristina	
16	T	Adelaide, Albina	
17	Q	Floriano, Viviana, Olímpia	
18	Q	Rufo, Judas Macabeu	
19	S	Fausta, Urbano ●	
20	S	Amon, Julio, Liberato	
21	D	**4º DOMINGO DO ADVENTO**	
Is 7,10-14 / Sl 23 / Rm 1,1-7 / Mt 1,18-24			
22	S	Zeno, Mariano	
23	T	João Câncio, Vitória	
24	Q	Adélia, Tarcília	
25	Q	**NATAL DO SENHOR**	
26	S	Estêvão, primeiro mártir	
27	S	João apóstolo e evangelista ◐	
28	D	**SAGRADA FAMÍLIA**	
Eclo 3,2-6.12-14 / Sl 127 / Cl 3,12-21 / Mt 2,13-15.19-23			
29	S	Tomás Becket, Davi	
30	T	Félix, Sabino, Honório	
31	Q	Silvestre I, Melânia	

Atividades agrícolas

NA HORTA: Em viveiros semeiam-se alcachofra, alface, beterraba, couve, etc. Em canteiros definitivos pode-se semear: cenoura e chicórea e plantar pepino, melão, melancia. Transplantam-se o tomate, berinjela, etc.

NO JARDIM: Boa época de enxertar roseiras. Desenterram-se os bulbos dos rainúnculos, anêmonas e outros, que são guardados em lugar fresco e arejado.

Atividades agrícolas

NA HORTA: Muito cuidado com o grande calor e a falta de água. Semeiam-se em viveiros ou em canteiros definitivos: acelga, chicórea, couve-flor, alface, rabanete, cenoura, etc.

NO JARDIM: Dois principais cuidados: capinas das plantas daninhas e manter a terra fofa e encoberta com uma camadinha de quebracho, folhas ou serragem. Sementeiras somente com proteção contra os intensos raios solares.

Cantinho da Garotada

Oi criançada, todos bem? Digamos juntos: "seja bem-vindo 2025"! Vamos aproveitar esse novo ano, fazer tudo aquilo que foi bom no ano passado, e o que não foi bom vamos nos esforçar para melhorar neste novo ano que se inicia.

Vamos juntos aproveitar esse cantinho especial para vocês e sua família para se divertirem e aprenderem mais sobre as passagens bíblicas.

Tudo o que Deus criou é bom!
Você consegue lembrar tudo o que nosso Deus fez em cada dia?

DIA E NOITE	1º Dia
PLANTAS E FRUTOS	2º Dia
PEIXES E AVES	3º Dia
ANIMAIS	4º Dia
DESCANSOU	5º Dia
CÉU E TERRA	6º Dia
O HOMEM E A MULHER	7º Dia

```
E T R I N T A X R U S B W Y K T
N O Q G A C Y K A C I M A G E M
N G Y K B V P C K O J W O F C C
X Q V T U S J A C E S A T Q H I
N R B V C A S V X Q P K X F L T
C Y O Q O G T B N D I B A O E Y
A C C M D M Y W D Z U J S R G Y
M M R J O P D B A L X Y Y N G F
I P Z S N U E O N G G K I A R Z
G Z F G O X F C I K S L V L : V
O X K E S R Z E E R L L P H X M
S H X P O I C G L T S X M A O F
R R O U R O T E X M Q D Q S O K
C L M E J D R S D S U I F U G F
I C Q S K A A P U I U E R E I W
B K U T M E T R O S H E G T U B
```

O rei **NABUCODONOSOR** fez uma **IMAGEM** de **OURO** de **TRINTA METROS** que deveria ser adorada por todos. Quem não obedecesse à ordem do **REI** seria jogada na **FORNALHA ACESA**. Os **AMIGOS** de **DANIEL**, Sidrac, Misac e Abdênago, porém não se dobraram para adorar a grande imagem de ouro feita pelo rei (Dan 3).

Identifique, ao lado, os nomes que estão em destaque no texto acima.

Espero que tenham se divertido com o cantinho da garotada em família e aprendido um pouco mais dos ensinamentos que Jesus nos deixou, aprender sempre é muito bom! Que você e sua família e amigos tenham um ano de 2025 muito feliz e abençoado! Abraço da Tia Debora e de toda nossa equipe.

Receitas das Tias Raquel e Debora

BROA DE LEITE CONDENSADO

Ingredientes:
- 500 gramas amido de milho.
- 2 colheres de margarina.
- 1 lata de leite condensado.

Modo de fazer:
- Misture todos os ingredientes até que a massa desgrude das mãos.
- Molde as broas e leve para assar em forno pré-aquececido a 180 graus por 20 minutos.

PASTEL DE FORNO

Ingredientes:
- 50 gramas de farinha.
- 1 xícara guaraná.
- 1 ovo.
- 2 colheres de margarina.
- 1 pitada de sal.

Modo de fazer:
- Em um recipiente adicione a margarina e o guaraná e logo após coloque a farinha.
- Sove a massa até desgrudar do fundo.
- Modele os pastéis e recheie com o sabor da sua preferência.
- Coloque os pastéis numa forma e pincele com ovo batido para ficar dourado e a gosto coloque uma pitada de orégano.
- Leve ao forno pré-aquecido por 40 minutos.

Livro da FAMÍLIA-2025

Publicação da Livraria Editora Padre Reus

Assoc. Cultural e Beneficente Padre Reus - ABEPARE
Rua Duque de Caxias, 805 - CEP 90010-282
Caixa Postal, 285 - CEP 90001-970
Porto Alegre - RS

CNPJ. 92.864.446/0001-82
Inscrição: 096/0517553
Fone: (51) 3224.0250
Fax: (51) 3228.1880
livrariareus@livrariareus.com.br
Face: *Livraria Padre Reus*
Site: www.livrariareus.com.br

Diretoria da ABEPARE
Diretor Presidente
Pe. João Geraldo Kolling SJ
Vice-Diretor Presidente
Pe. Eliomar Ribeiro de Souza SJ
Diretor Administrativo
Ir. Eudson Ramos SJ
Diretor de Educação e Cultura
Ir. Marcos Epifânio B. Lima SJ
Editor do Livro da Família
Pe. Attilio I. Hartmann SJ
Editoração
Luciano Seade/All Type
Gilmar Vargas Alves/Arte Certa
Revisão:
Equipe do Livro da Família
Carta Enigmática
Maria da Graça Scussel
Cantinho da Garotada e receitas
Debora Lírio dos Santos/Raquel Lírio dos Santos
Colaboradores
Gerente da Loja: Angela M. Simonis; *Balconistas:* Cidéli Boeira dos Santos, Simone dos Santos, Kétlyn Müller de Camargo; Leticia Gomes da Rosa, Lediane Valdirene Appelt. *Faturamento/Pessoal:* Lucilene M. C. Ayres; *Contadora:* Lourdes Helena Blume; *Auxiliar de Escritório:* Debora Lirio dos Santos; *Portaria:* Adriano de Lima Lacortte; *Serviços Gerais:* Fiama Lima da Silva Piauí.
Registrado no Cartório de Registro Especial da Pessoa Jurídica
Sob No. 4.438 – Fls. 13 e Verso - Livro A, No. 8. em Porto Alegre, e na Divisão da Censura de Diversões Públicas-DPF sob o N.º 1044, p. 209/73).

Impressão:
Edições Loyola

Gente querida, eu saudei vocês no editorial desta edição, lá na primeira página. Agora, pergunto: a leitura do **Livro da Família/2025** foi útil, agradável, interessante, importante? Sabem, tudo o que a gente quer é que cada artigo, cada mensagem, cada informação leve a todos bons momentos de formação, de alegria e lazer e, ao mesmo tempo, de compromisso com as pessoas de suas relações, com a nosso Mãe/Terra, com a vida e com nosso Deus, Pai de Jesus e nosso Pai.

Um especial abraço aos nossos queridos agentes e colaboradoras/os que tornam possível este nosso encontro anual. Como sempre, as cartas, telefonemas, correios eletrônicos e os contatos pessoais testemunham o quanto o **Livro da Família** é apreciado, lido e relido em famílias, escolas, comunidades. E importante: oferecido como um presente para pessoas amigas.

Mas é claro que sempre se pode melhorar o conteúdo do **Livro da Família**. Então, escrevam por correio comum ou utilizando nosso **correio eletrônico** - livrariareus@livrariareus.com.br – e digam:
1 - O que mais gostaram no **Livro da Família/2025**?
2 - O que gostaram menos nesta edição?
3 - Deem alguma sugestão concretas para a edição do LF/2026.

É tão simples, mas muito importante. Além da colaboração com o LF, vocês estarão concorrendo a interessantes e úteis prêmios. Agora, o prêmio melhor, e que não tem preço, é ter vocês como nossos leitores/as e colaboradores/as.

Nossa capa

Inspirado no tema da Campanha da Fraternidade de 2025 a capa do **Livro da Família** mostra, plasticamente, que o carinho e o amor à Mãe-Terra são uma urgente necessidade para nosso amanhã e o futuro de nossos filhos e netos. Este compromisso de amor é individual, comunitário e intransferível.

Capa:
criação e arte
Luciano Seade

Índice

Editorial	01
Palavra do Diretor-Presidente	03
Saudação do Provincial	05
O Cuidado da Criação – Papa Francisco	07
Fraternidade e Ecologia Integral	08
Sinais de Esperança - Dom Jaime Spengler	11
Feliz Natal Novo	12

1 – TESTEMUNHOS - REPORTAGENS 13

A razão de viver	15
Bali	17
Na Polônia, uma família inteira foi beatificada.	19
Trilha dos Santos Mártires	21
Caaró – História e Fé nas Missões	27
Santuário da Montanha Rachada	32
Uma Paróquia Jesuíta na Enchente	35
Por quê!? Para quê!?	38
Genocídio no Paraíso	40

2 – FAMÍLIA E COMPORTAMENTO 45

Dez mandamentos do filho/a na velhice dos pais	47
Filho é Terra do Sagrado	49
Lições de Outono	50
Lições do medo	52
Dormir (bem) é o "novo petróleo"	54
O olhar dizia tudo	56
Para a Terceira Idade: Guia completo de Defesa Pessoal	58
Todos os ódios são o mesmo ódio	60
Um minutinho de uma vida inteira	62
Educação de crianças em diferentes países	64

3 – CONTOS E MENSAGENS 69

O Senhor dos Jardins ou "A Parábola dos talentos"	71
As fábulas mais conhecidas de Esopo	73
Crônicas do Carpinejar	76
Poemas Ambientais	81
Perdoe... e seja feliz!	82
A Manjedoura Vazia	84
Para além da curva da estrada...	86
Versejando Enchentes	87

4 – OUTRO MUNDO POSSÍVEL 89

Fé e Política, "cara e coroa" da mesma moeda	91
Amada Mãe de Todos os Seres	93
Papa Francisco e o Meio Ambiente	95
A Pedagogia Inaciana: fundamentos, sentidos e atualidade	98
Pedagogia Inaciana e Pacto Educativo Global	100
Um mundo mais justo e igualitário é possível	102
Solidariedade em ação: o compromisso da comunidade Anchietana diante da catástrofe	105
Um Outro Mundo é Possível?	109

5 – ARTE E COMUNICAÇÃO 111

A Medicina e a Inteligência Artificial	113
Arte é Comunicação	115
A obsessão pela tela	116
Comunicação, uma necessidade humana essencial	117
Uma nova cidadania comunicacional	119
Dedique tempo ao essencial	122
Demência Digital	123
Quatro mesas	124

6 – RELIGIÃO E ESPIRITUALIDADE 125

Deixa crescer a semente que há em ti	127
Obrigada por gostarem do meu filho	129
Novos caminhos	130
Devoção Mariana – Os muitos títulos de Nossa Senhora	133
Santa Luzia – A protetora dos olhos	137
Rezar... Orar... Isso ainda faz sentido!?	139
Chamados à Convivência Comunitária	143

7 – SAÚDE E VIDA 147

Há relação entre Espiritualidade e Saúde?	149
Benefícios da Banana da Terra	152
Paciência: aprender a respirar melhor	153
Celular, use com moderação	155
Os pilares do edifício face	157
Vamos pedalar...	159
Tristeza ou depressão?	162
Espiritualidade e Saúde	164
Alimentação sadia	166

8 – E FINALMENTE 167

Notícias da Causa Padre Reus	168
Atividades Pastorais do Padre Reus	169
Agradecem ao Padre Reus	171
Romaria do Padre Reus	173
Rede Mundial de Oração do Papa/AO	174
Páginas Vocacionais	177
Concursos Premiados	181
Carta Enigmática	182
Calendários	183
Cantinho da Garotada	189